W0078933

*DragonSys™ – Buch der Gewandung
von Xenia Krämer und Michael Störmer*

Bereits erschienen:
DragonSys™ – lebendiges Mittelalter
• Buch der Gewandung (ISBN 3-925698-42-6)
• Rüstkammer (ISBN 3-925698-46-9)
• Stupor Mundi (ISBN 3-925698-45-0)
• Rabenlieder (ISBN 3-925698-41-8)
weitere in Vorb.

DragonSys™ – Life Action Role Playing
• DragonSys™ – LARP Classic Regelbuch (ISBN 3-925698-80-9)
• DragonSys™ – 2nd Edition Regelbuch (ISBN 3-925698-44-2)
• DragonSys™ – 2nd Edition Liber Magicae (ISBN 3-925698-43-4)

DragonSys™ – Neues Zeitalter LARP
• DragonSys™ – Neues Zeitalter Regelbuch (ISBN 3-925698-60-4)
• DragonSys™ – Neues Zeitalter Codex Magicus (ISBN 3-925698-61-2)
• DragonSys™ – Neues Zeitalter Poison et Beverage (ISBN 3-925698-62-0)
weitere in Vorb.

Dies ist keine Liste der lieferbaren Titel! Bitte fragen Sie Ihren Buchhändler nach den zur Zeit im Handel erhältlichen Ausgaben. Oder besuchen Sie unsere Homepage für weitere Informationen, Inhaltsangaben, Preise und Bestellmöglichkeiten:
http:\\www.gus-verlag.de
http:\www.dragonsys-larp.de

DragonSys™ – Lebendiges Mittelalter
BUCH DER GEWANDUNG
Von Xenia Krämer und Michael Störmer
Mitarbeit: Martin Baumeister
Lekorat und redaktionelle Bearbeitung: Michael Störmer

Copyright © 1993-1996 by Jürgen Wittmann
Copyright © 1997 und 2001 by G&S Verlag,
Daniel Gessnitzer und Stefan Städtler-Ley Verlag GbR
Alle Rechte vorbehalten
„DragonSys" ist ein eingetragenes Warenzeichen des G&S Verlages
Satz und Layout: sagasatz im G&S Verlag
Coverbild: Antoine Verard „Karl der Große in der Schlacht"
Illustrationen von Michael Störmer
Druck und Bindung: Gruner Druck GmbH

Paperback-Ausgabe
1. Auflage 2001
ISBN 3-925698-42-6
geb. VK EUR 12,50 (bis 01.01.2002 auch DM 24,45)

# Buch der Gewandung

## Lebendiges Mittelalter

# Inhalt

# Die Autoren

## Xenia Krämer

Nach ihrem Studium der Kunstgeschichte und Philosophie in Würzburg, das sie mit dem Grad eines Magisters abschloss, kehrte die Autorin der Wissenschaft den Rücken und widmete sich einer Karriere im Telemarketing. Zunächst arbeitete sie als Callcenter-Agentin, stieg aber schon bald zur Referentin für Aus- und Weiterbildung auf. Die studierte Geisteswissenschaftlerin wurde zuständig für Personalrecrutment und übernahm schon bald die Leitung der Abteilung. Danach begann sie, sich für die Welt des World Wide Web zu interessieren und wechselte zu einer Internet-Agentur mit dem schönen Titel eines Business Consultant Human Resources, was nichts anderes bedeutet, als dass sie auch dort für die Personalarbeit zuständig war.
Trotzdem gehört ihr Herz immer noch der Historie und die Erforschung der Kostümgeschichte ist ihr nicht nur Hobby sondern auch Anliegen.
Xenia Krämer lebt und arbeitet heute in Nürnberg.

## Michael Störmer

Schon während seines Studiums der Volkskunde galt das besondere Interesse des Autors der Realienkunde und besonders der Kostümgeschichte. Aus diesem Interesse heraus entstand auch das vorliegende Buch.
Michael Störmer lebt heute in Würzburg und arbeitet jetzt, nach einem kurzen Intermezzo in einer internationalen Werbeagentur, als freier Lektor und Übersetzer.

Die Autoren danken Martin Baumeister, der aus persönlichen Gründen von der Mitarbeit an dem Projekt Gewandungsbuch zurücktreten musste, jedoch Zeichnungen und Material großzügig zur Verfügung stellte, um das Buch dennoch im geplanten Umfang fertig stellen zu können.

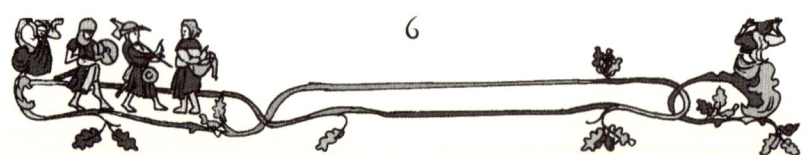

# Vorwort

Bei der Betrachtung der Literaturlage zum Thema historische Gewandungen stellt sich die Frage: Warum ein weiteres kostümkundliches Buch? Es sind bereits die verschiedensten wissenschaftlichen Untersuchungen in Buchform erschienen, die sich dem Thema mit wechselndem Grad an Detailverliebtheit und in diversen Schwierigkeitsgraden widmen. (Die Literaturliste am Ende dieses Buches bietet hier einen guten Überblick!) Daneben existieren mehrere Bücher (und auch Zeitschriften), die umfassende Hilfe beim Erstellen von Schnittmustern gewähren oder annehmbare Fertigschnitte anbieten. Das vorliegende Buch will versuchen, beides in leicht verständlicher Form zu verbinden.

Unser Anliegen war es, eine praktische Anleitung zu schaffen, mit der auch Anfänger in der Lage sind, eine historische Gewandung zu schneidern. Obwohl dieses Buch wissenschaftlich fundierte Informationen zur Kostümgeschichte des Abendlandes bietet, ist es dennoch keine explizit fachhistorische Abhandlung. Es bietet weniger penible Rekonstruktionen und detailgenaue Abbildungen von Originalstücken, sondern vielmehr die Möglichkeit, authentisch wirkende Trachten zu schneidern, ohne sich sklavisch in jedem Detail an die erhaltenen Schnitte zu klammern. Diese erscheinen aus heutiger Sicht in vielen Fällen unnötig kompliziert. Um nur ein Beispiel zu nennen: Ein aus einem Moor bei Bernuthsfeld, Ostfriesland, geborgener germanischer Kittel besteht aus 43 Einzelteilen. Material und Form dieser Einzelteile lassen sich zwar durch die speziellen Lebensumstände des ursprünglichen Herstellers oder Trägers erklären, aber für die Erstellung eines Schnittmusters sind diese Umstände doch eher nebensächlich. In diesem Buch soll vielmehr die Tracht oder Mode einer Zeit durch Schnitte beispielhaft wiedergegeben werden. Bei einigen, z.B. spätmittelalterlichen Kleidungsstücken erlaubt dagegen die jeweils herrschende Mode Änderungen nach dem persönlichen Geschmack des Trägers im Rahmen gewisser Grundformen. Diese Grundformen inklusive der passenden Variationsvorschläge sollen in den folgenden Kapiteln ebenfalls vorgestellt werden.

Mit ein Grund für den oft kleinteiligen Zuschnitt alter Gewänder war die Absicht, den vorhandenen Stoff möglichst ohne Schnittverluste zu verbrauchen. Da Stoffe und Tuche, mit einigen Ausnahmen, im Vergleich zu damaligen Zeiten heutzutage relativ billig sind, kann man heute großzügiger und vor allem Zeit sparender arbeiten. Die abgebildeten Schnitte tragen modernen Bedürfnissen, soweit möglich und sinnvoll, Rechnung.

Aber dieses Buch ist keine Forschungsarbeit im eigentlichen Sinne. Hier werden

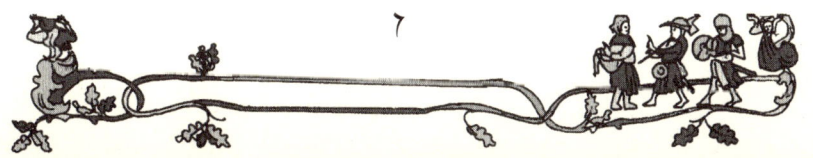

keine neuen wissenschaftlichen Erkenntnisse geboten, sondern es handelt sich um eine Zusammenstellung der typischsten Gewandformen der jeweils behandelten Epochen. Der gewählte zeitliche Rahmen ergab sich aus tatsächlichen Erfahrungen im Nach-schneidern der Kleidung sowie persönlichen Interessen, Forschungsschwerpunkten und Vorlieben.

Das vorliegende Buch verbindet die Informationen der rein kostümtheoretischen Werke mit denen der eher praxisbezogenen, sodass der Leser historische Grundkenntnisse erhält, der Hauptaugenmerk aber auf die handwerkliche Realität gerichtet bleibt.

# Anleitung zur Schnittmustererstellung

Text und Zeichnungen von Xenia Krämer

**Abb. 1**
Schneiderwerkzeuge

In den folgenden Kapiteln werden, auf historischen Vorbildern basierend, Kleidungsteile in Umrißform als verkleinerte Zeichnung wiedergegeben. Wie diese nun in exakt auf die Körperform zugeschnittene Gewandungen umgewandelt werden, soll jetzt erklärt werden.

Zunächst müssen alle Körpermaße genommen werden. Überträgt man diese auf ein einfaches Strichmännchen (Abb. 2 und 3) und bewahrt sie vor allem sorgfältig auf, spart man sich zukünftig eine Menge Arbeit. Außerdem kann sich der Anfänger so viel leichter ein plastisches Bild von seinem Schneiderprojekt machen. Dazu finden sie hier zwei Figuren als Anleitung zur Abnahme der wichtigsten

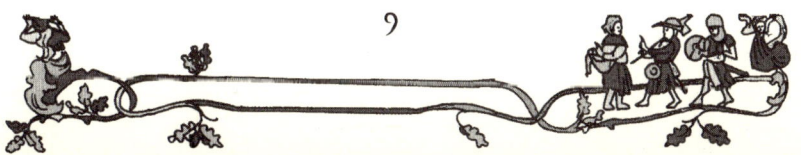

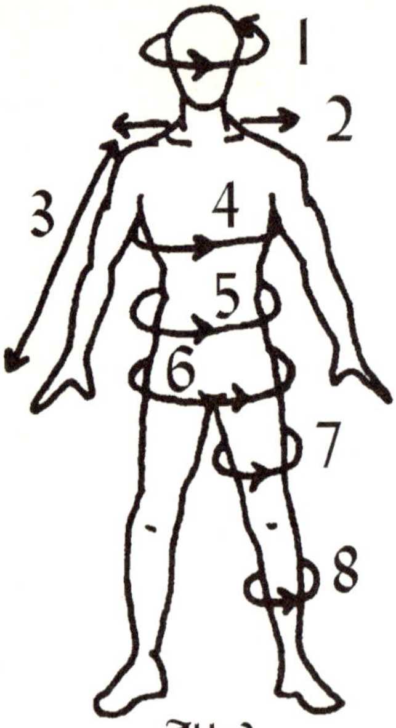

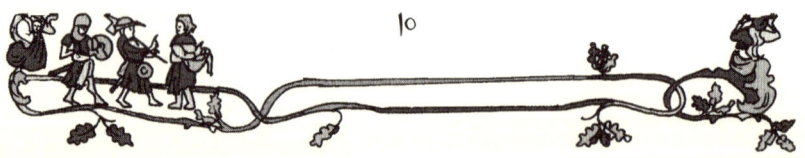

Maße und zwei unbeschriftete Figuren, die sie als Muster für ihre eigenen Maße verwenden können.

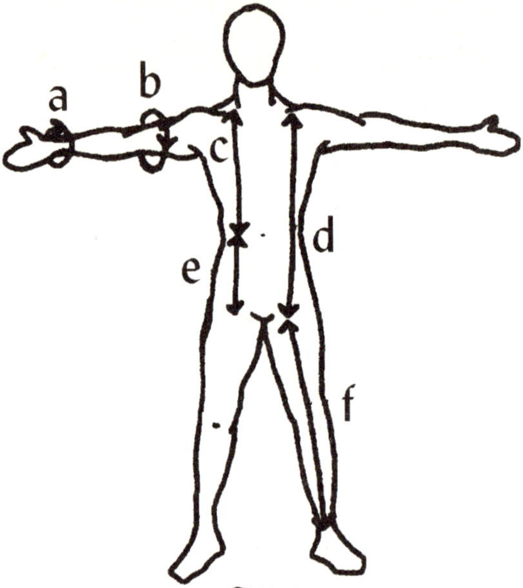

Folgen sie den Angaben in Abbildung 2. Nehmen sie zuerst den Kopfumfang (1), die Schulterbreite (2), die Armlänge von der Schulter zum Handgelenk (3), den Brustumfang an der breitesten Stelle (4), den Taillenumfang (5), den Hüftumfang an der stärksten Stelle (6), den Oberschenkel- (7) und Unterschenkelumfang (8). Danach (Abb.3) messen sie den Handgelenk- (a) und den Oberarmumfang (b). Für die Strecke von der Schulter bis zur Taille (c) und bis zur Hüfte (d) kann es hilfreich sein, einen gut sitzenden Pullover zu tragen, dessen Schulternaht es erleichtert, etwa die Mitte der Schulter zu finden. Als nächstes werden die Maße von der Taille zur Hüfte (e) und von der Hüfte bis zum Fußgelenk (f) genommen. Damit haben sie schon die wichtigsten Zahlen zusammengetragen. Sollten für verschiedene Schnitte weitere Maße benötigt werden, wird gesondert darauf hingewiesen.

Mit diesen Daten müsste es nun einfacher sein, die Umrisszeichnungen in den einzelnen Kapiteln der Körpergröße entsprechend auf Papier zu übertragen. Hat man alle Einzelteile des Kleidungsstückes als „Papierschnitt", kann man sie auf der Rückseite des Stoffes auslegen und ausprobieren, wie sich das Ganze mit einem Minimum an Stoff zuschneiden lässt. Das Sicherste ist, die Papierteile, nachdem man den günstigsten Zuschnitt gefunden hat, mit einem Stift oder Schneiderkreide zu umfahren und so auf den Stoff zu übertragen. Beim Auslegen des Stoffes und vor allem auch beim späteren Zuschneiden darf man nicht vergessen, ein bis zwei Zentimeter Saum, d.h. „Nähkante", zuzugeben. Bei Stoffen, die stark ausfransen, wie z.B. Samt, sollte noch mehr Saum zugegeben und bereits vor dem Vernähen der Einzelteile versäubert, d.h. umnäht werden. Das erhöht die Lebensdauer des Kleidungsstükkes wesentlich.

Die meisten Kleidungsstücke, die wir hier anführen, stammen aus Zeiten, in denen die Kleidung nicht wie eine zweite Haut am Körper anlag. Echte Schnittmuster wurden eigentlich erst mit dem Aufkommen komplizierterer Gewandformen eingeführt. Daher ist es auch nicht unbedingt notwendig, die Kleidungsstücke immer auf den Zentimeter genau passend zu arbeiten: Entweder sind die Kleider so weit, dass sie durch Gürtel gerafft werden oder aber sie werden durch Schnürungen in Form gehalten. Wie und wo diese anzubringen sind, wird bei den jeweiligen Schnitten in den folgenden Kapiteln erläutert.

Die Öffnungen für die Ärmel sind meist nicht gesondert angegeben.

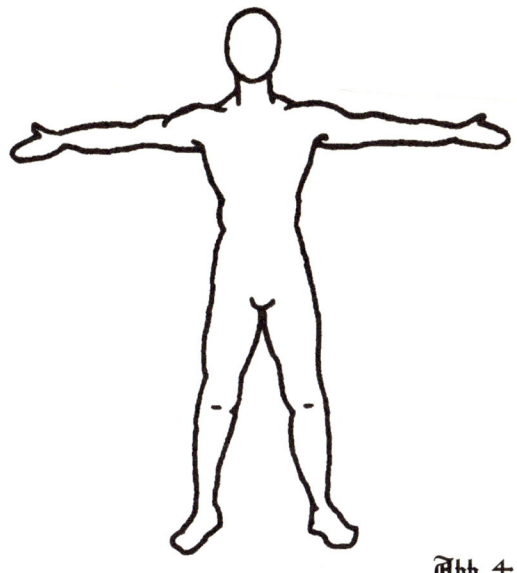

Abb. 4

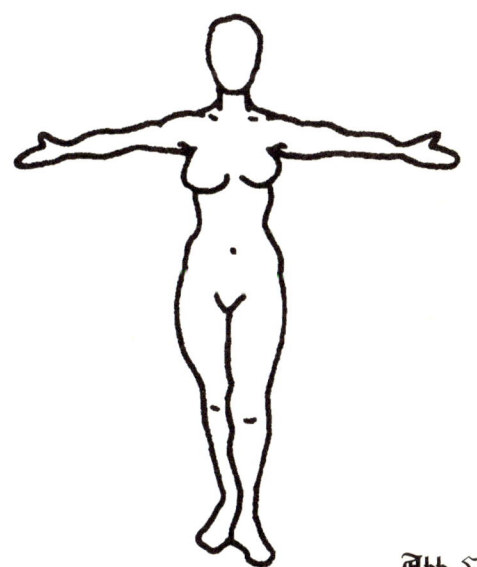

Abb. 5

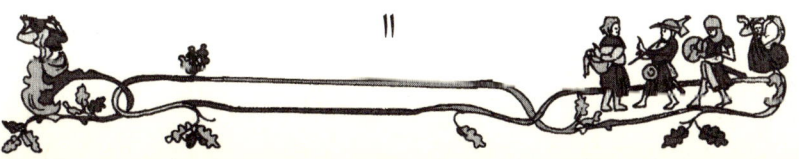

11

Deren Breite ergibt sich automatisch aus der Breite der oberen Ärmelkante. Ärmel setzt man wie folgt ein: Sowohl der Körper als auch die Ärmel des Kleidungsstückes sollten bereits fertig vernäht sein. Soll der Ärmel in Falten gelegt werden, muss dieses auch zuvor geschehen, da die Falten durch einmaliges Vernähen fixiert werden müssen. Während der Körper weiterhin mit den Nähten nach außen liegen bleibt, wird der Ärmel umgestülpt, sodass seine Nähte nun innen liegen und nicht mehr zu sehen sind. Danach wird er in die Ärmelöffnung hineingesteckt, sodass die zusammenzunähenden Schnittkanten am Ärmelabschluss und am Ärmelausschnitt aufeinander zu liegen kommen. Der Ärmel liegt nun praktisch innen im Körper und die Nähkanten können vernäht werden.

Einen spitzen oder rechteckigen Halsausschnitt mit einer sauberen Kante abschließen zu lassen, macht einen kleinen Schneidertrick erforderlich. Man schneidet aus demselben

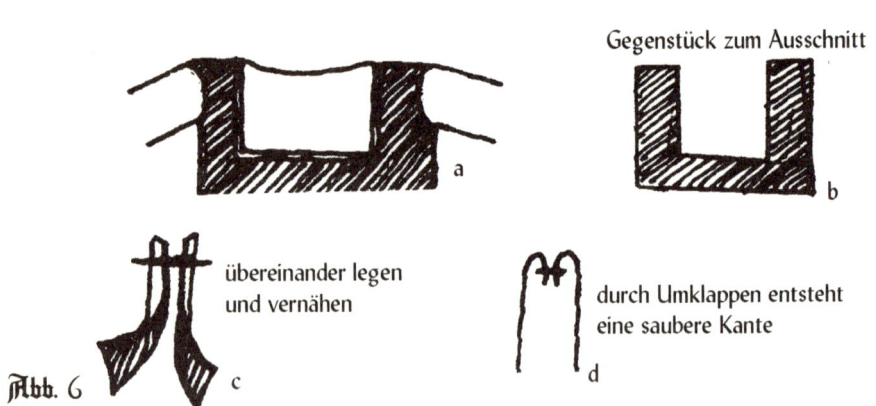

Gegenstück zum Ausschnitt

a

b

übereinander legen und vernähen

durch Umklappen entsteht eine saubere Kante

Abb. 6     c     d

Stoff, aus dem auch das Kleidungsstück besteht, die Form des Ausschnittes nochmals als breiten Stoffstreifen aus. An der unteren Kante müssen sie dieses Stück natürlich versäubern. Die obere Kante wird von außen auf die Schnittkante des Ausschnittes gelegt, sodass die beiden Ober- oder Außenseiten des Stoffes aufeinander liegen und vernäht werden können. Klappen sie jetzt den Stoffstreifen nach innen um, ergibt sich eine saubere Kante (Abb.6 a-d). Sie sollten ca. einen Zentimeter vom Rand entfernt nochmals eine Naht anbringen, mit der die beiden Stoffschichten aufeinander fixiert werden. Soll das gesamte Gewand gefüttert werden, verfahren sie mit dem Futterstoff entsprechend, um den Ausschnitt zu vernähen.

Sie müssen nicht unbedingt das ganze Gewand füttern (was dem Sitz aber eigentlich

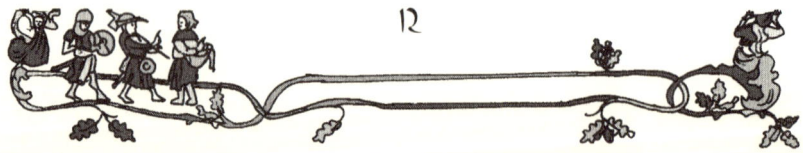

immer zu Gute kommt), aber zumindest die „einsehbaren" Teile und Kleidungsstücke, wie Schleppenärmel oder offen getragene Jacken, sollten ein Futter bekommen. Um ein Gewandungsteil, beispielsweise einen Ärmel, zu füttern, schneiden sie seine Form exakt nochmals aus dem Futterstoff zu und vernähen es komplett. Danach wird der Ärmel so umgestülpt, dass die mit den Nähten versehenen Seiten des Ärmels und des Futters aufeinander liegen. Miteinander verbunden werden sie durch eine Naht an der Handgelenksöffnung und später an der Schulternaht. Ein Futter setzt man immer zuletzt ein, wenn bereits die Knöpfe und Borten aufgesetzt sind. Lediglich Knopf- und Nestellöcher müssen mit dem Futter verarbeitet werden.

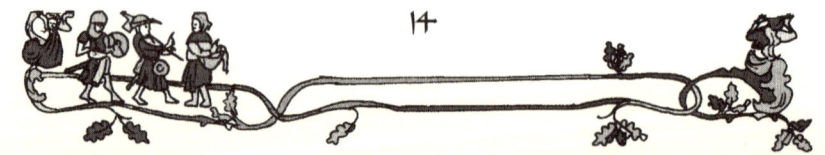

# Männer– und Frauenkleidung der Bronze– und Eisenzeit

Text von Xenia Krämer
Zeichnungen von Martin Baumeister

**Abb. 7**
(Jungsteinzeitlicher Jäger)

Für die lange Zeitspanne des Mittelalters haben sich kaum originale Kleidungsstücke erhalten. Der Kostümhistoriker ist hier darauf angewiesen, seine Kenntnisse aus kunsthistorischen Quellen zu beziehen. Um so erstaunlicher und befriedigender ist es für den Kostümforscher, der sich auf die Vor– und Frühgeschichte spezialisiert hat, sehr viel mehr seiner Kenntnisse anhand von tatsächlichen Funden belegen zu können. Kleiderfunde aus Gräbern reichen bis ins vierte Jahrtausend v. Chr. zurück und vermitteln einen Eindruck der bereits hoch entwickelten Herstellungs– und Verarbeitungstechniken der nordalpinen Völker.

15

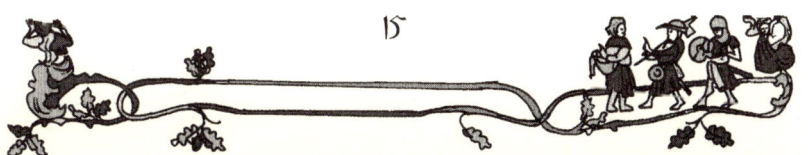

Anders als im milden Klima der Mittelmeergebiete, wo sich die antiken Hochkulturen bildeten, schritt die gesellschaftliche Entwicklung in den kälteren Gebieten des nördlichen Europa langsamer voran. Da man davon ausgeht, dass die sogenannten Barbarenvölker die Verarbeitung von Metallen, die Viehzucht und diverse Ackerbautechniken von den weiter entwickelten Völkern übernahmen, setzte die Bronzezeit bei ihnen wesentlich später ein. Die verschiedenen Historiker sind sich etwas uneinig und lassen die Bronzezeit im nördlichen Europa zwischen 1700 und 1600 v.Chr. beginnen. Eine Vermittlerrolle zwischen den höher entwickelten Mittelmeervölkern und ihren nördlichen Nachbarn scheinen die Kelten gespielt zu haben. Vor allem in vorrömischer Zeit waren sie der progressivste unter den nordeuropäischen Stämmen und ihre Erzeugnisse wurden selbst von den Römern importiert. Nach dem Zerfall der keltischen Königreiche übernahmen die Germanen ihre führende Rolle in Nordeuropa.

Obwohl durch die Vermittlerstellung der Kelten manches aus der antiken Tracht in die der keltischen und germanischen Völker übernommen wurde, war es jedoch kein bloßes Imitieren dieser Formen. Die Kelten und Germanen lebten unter anderen Umweltbedingungen als die Griechen und Römer in den wärmeren Mittelmeergebieten. Ihre Kleidung wurde nicht nur aus festeren und robusteren Stoffen hergestellt, sondern war auch von engerem, körpernahem Zuschnitt, wodurch diese Kleidungsstücke besser wärmten. Als schließlich das römische Weltreich gänzlich zusammenbrach, wurden die Trachten der Barbaren bestimmend für die Kleidungsentwicklung.

## Die Kleidung der Bronzezeit

Auch wenn aus der Bronzezeit literarische und künstlerische Quellen keinerlei Auskunft über Aussehen und Verarbeitung der Textilien geben, wissen wir dennoch recht exakt darüber Bescheid. Die Toten wurden in der ersten Hälfte des zweiten Jahrtausends in Eichensärgen unter Grabhügeln beigesetzt. Die sich darin ansammelnde Humussäure hat die Kleidung in vielen Fällen so gut konserviert, dass man nicht nur die Herstellungsweise und Verarbeitung der Textilien feststellen, sondern auch die Schnittmuster noch sehr genau nachvollziehen kann. Diese Kleider sind die ältesten Originaltrachten der Welt und gerade deshalb so interessant, da sie in manchen Einzelteilen noch Übergangsformen von der Steinzeit zur Bronzezeit erkennen lassen.

### Männerkleidung
Das am weitesten verbreitete und wohl typischste Kleidungsstück der Männer dieser Epoche war ein von den Achseln bis zu den Knien reichender Kittel (Abb.8). Ein mehr

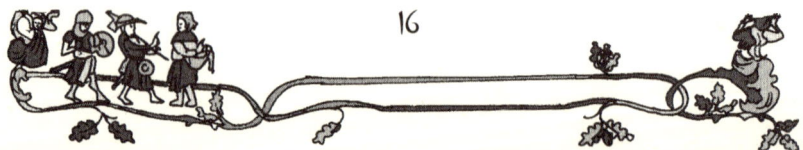

Abb. 8        Abb. 9

oder weniger rechteckiges Wolltuch wurde um den Körper gewickelt und mit einem Band über der linken Schulter am Rücken mit meist zwei Knöpfen aus Horn, Bein oder Bronze befestigt. In der Taille wurde der Kittel von einer Wollschnur gehalten (Abb.10). Eine zweite, weit verbreitete Gewandform war ein Schurz, der von der Taille bis zu den Knien reichte (Abb.9). Er wurde ebenfalls mit einer Wollschnur gegürtet getragen. Sein Schnitt ist denkbar einfach und geht aus Abb.4 hervor. Zu beiden Kleidungsstücken trug man große, ovale Umhänge, die beim Anlegen einen kragenartigen Umschlag am Hals bildeten, aber auch asymmetrisch, auf einer Schulter von einer Fibel gehalten, getragen werden konnten (Abb.12). Nicht aus Grabfunden erhalten, doch an einer kleinen Bronzestatuette nachgewiesen, ist eine kurze Hose, die vielleicht unter diesen Kleidungsstücken getragen wurde. Sehr wahrscheinlich schützte man die Unterschenkel genauso wie die Füße durch das Umwickeln mit Binden. Schuhe haben sich nicht erhalten, doch es ist anzunehmen, dass man bereits einfache Bundschuhe trug.

Fast immer scheint der Mann der Bronzezeit eine Kopfbedeckung getragen zu haben. Dabei handelt es sich um sehr kunstvoll aus drei Lagen Stoff gefertigte, fezartige Kappen oder um kegelförmige Mützen. Die einzelnen Lagen können sowohl aus einem Stück bestehen, als auch aus mehreren zusammengesetzt sein (Abb.13).

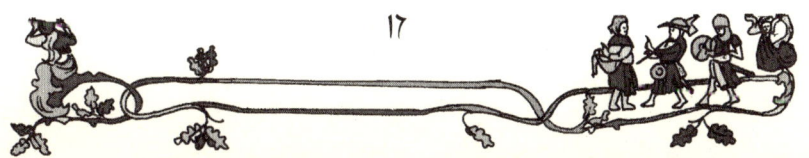

17

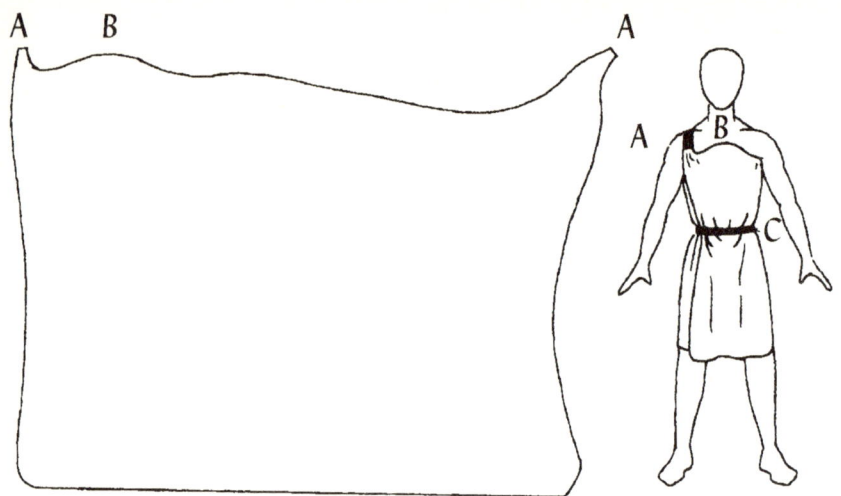

**Abb.** 10
A = Ansatz des Trageriemens
B = Brustlatz
C = Gürtel aus Stoff oder Leder

**Abb.** 11
A = Gürtel (meist Wollkordel)
B = Oberer Rand, wird umgeschlagen
C = Faltkante

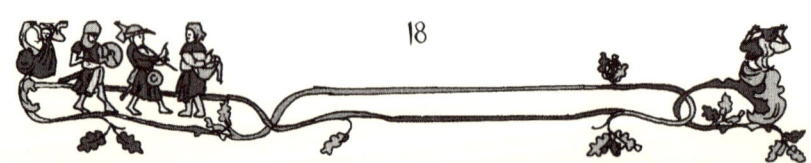

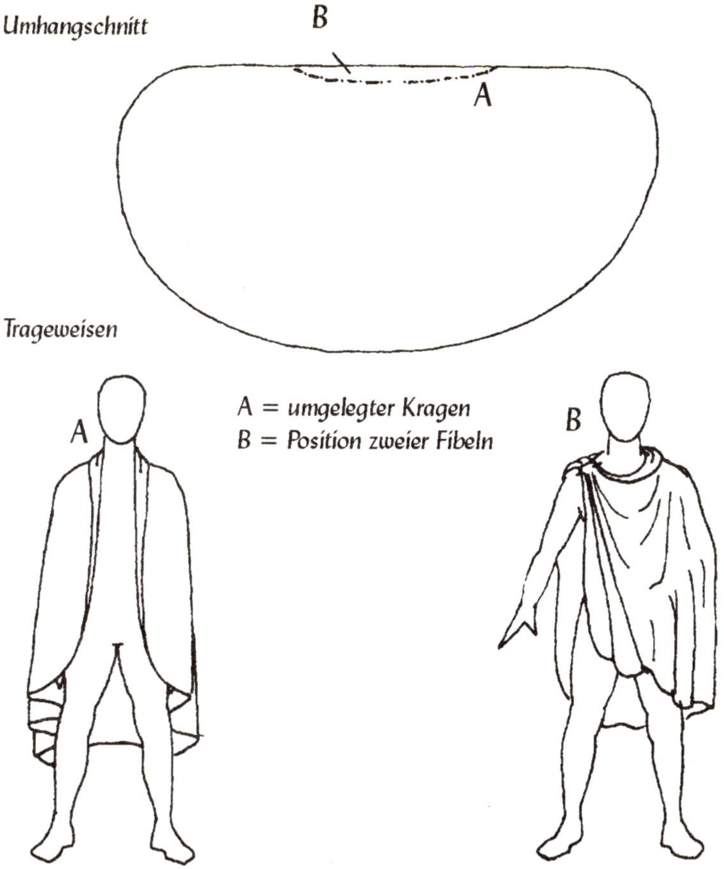

*Umhangschnitt*

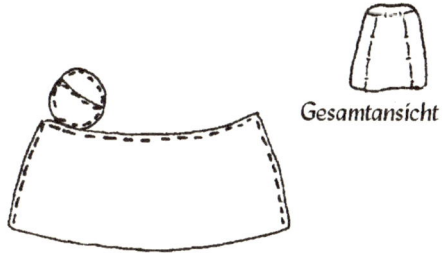

*Trageweisen*

A = umgelegter Kragen
B = Position zweier Fibeln

**Abb. 12**

*Gesamtansicht*

*Kappenrand aus mehreren Stücken*

*Kappenrand aus einem Stück*

**Abb. 13**

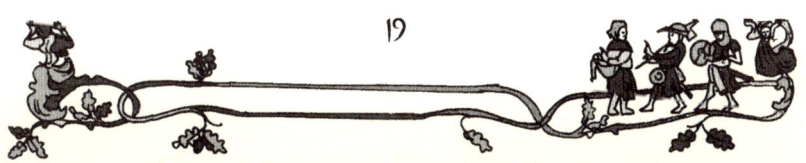

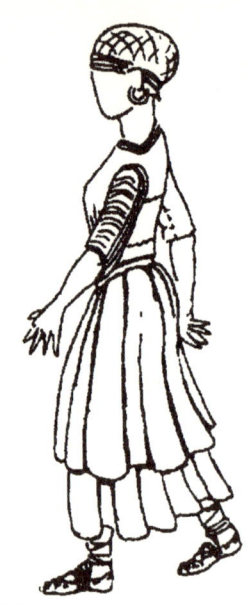

Abb. 14

## Frauenkleidung

Die Kleidung der Frauen bestand im Wesentlichen aus Rock und Bluse (Abb.14). Der Rock begann meist direkt unter der Brust, wurde oft mehrmals gegürtet und fiel bis zu den Knien herab. Bisher wurden keine Umhänge in Frauengräbern gefunden, doch dürften diese denen der Männer entsprochen haben, ebenso wie die Fußbekleidung. Das Haar wurde durch kunstvoll geknüpfte Netze und Hauben als Knoten im Nacken zusammengehalten.

Die Bluse bestand aus einem einzigen, rechteckigen Stück Stoff (Abb.15). Mit nur zwei Einschnitten (den in der Abbildung durchgezeichneten schwarzen Linien rechts und links unterhalb der späteren Ärmel) werden die Rückenteile von den Ärmeln getrennt. Dabei muss die Breite des Stoffabschnittes mindestens den Oberarmumfang ergeben. Die Länge des Einschnittes sollte der Länge des Armes von der Schulter bis zum Ellbogen entsprechen. Die gesamte Breite des Stoffes errechnet sich aus der Schulterbreite, wobei man aber nicht vergessen darf, zweimal die oben erwähnte Strecke von der Schulter zum Ellbogen zu addieren. An der Oberseite des Tuches, gegenüber dem letzten Stück des Einschnittes wird ein dreieckiges Stoffstück zur Erweiterung der Achsel eingenäht. Bevor man das Stoffstück zusammenklappt, um die Ärmel an ihrer Unterseite zu vernähen, sollte man noch den Halsausschnitt in der Mitte ausschneiden, der dem Kopfumfang entsprechen sollte. Um den Sitz des Kleidungsstückes zu verbessern, wird aus der Mitte des vorderen Halsausschnittes noch ein Abnäher geschnitten. Nun wird das Stoffstück so umgefaltet, dass die Oberkante auf den Schnittkanten der Ärmel zu liegen kommt. Die Ärmel können nun vernäht werden. Die jetzt am Vorderteil überstehenden Stoffbahnen werden nach hinten umgeklappt und mit einer senkrechten Naht verschlossen und an das Rückenteil der Ärmelpartie genäht. Hals und Ärmel können ebenso mit gestickten Borten verziert werden, wie der Teil zwischen den geschwungenen Ärmelborten. Am unteren Saum der Bluse wurde meist noch ein weiterer Stoffstreifen angesetzt.

Der Rock besteht ebenfalls aus einem großen, rechteckigen Tuch, das durch eine einzige Naht zum Rock wird. Abb.16 zeigt verschiedene Trageweisen nebst einer Weiterentwicklung dieser Kleiderform. Klappt man den in der dritten Variation herabhängenden Stoffrand nach oben und fibelt ihn über den Schultern, erhält man

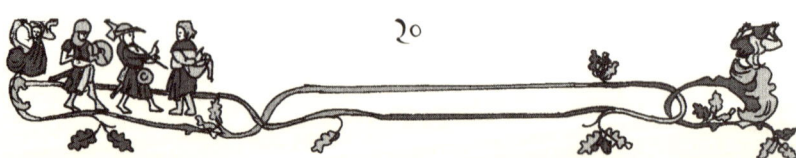

ein dem griechischen Peplos verwandtes Kleid, das aus Funden der späteren Bronze- und vor allem der Eisenzeit für den nordeuropäischen Raum nachgewiesen ist.

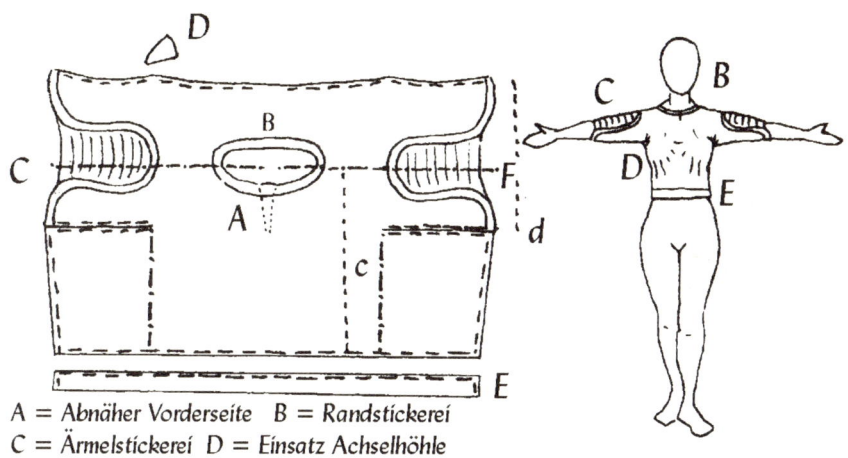

A = Abnäher Vorderseite   B = Randstickerei
C = Ärmelstickerei   D = Einsatz Achselhöhle
E = Angesetzter Rand

Abb. 15

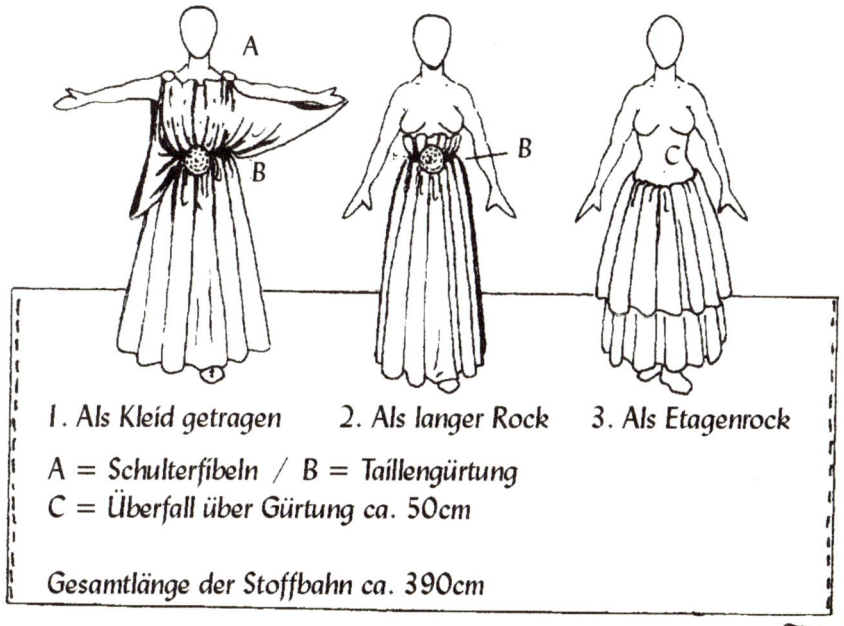

1. Als Kleid getragen      2. Als langer Rock      3. Als Etagenrock

A = Schulterfibeln / B = Taillengürtung
C = Überfall über Gürtung ca. 50cm

Gesamtlänge der Stoffbahn ca. 390cm

Abb. 16

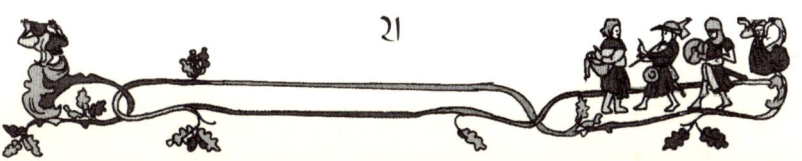

## Mädchenkleidung

Neben der Frauentracht gab es auch noch eine reine Mädchenkleidung (Abb.17). Die Mädchen trugen zwar ebenfalls eine kurzärmelige Bluse, die aber von anderem Schnitt war als die einer erwachsenen Frau. Dazu gehörte ein Schnurrock, der aus oben und unten eingefassten Wollschnüren bestand. Dieser Rock war nur etwa knielang.

Ihr Haar trugen die Mädchen in einem relativ kurzen, einem Pagenkopf ähnlichen Schnitt. Die Blusen rafften sie durch wolle Gürtel, die durch auffällige Rundscheiben gehalten wurden. Schuhwerk und Mäntel dürften sich, ähnlich wie bereits bei der Frauentracht, gleich denen der Männer rekonstruieren lassen.

Der Schnitt der Mädchenbluse ähnelt zwar dem der Frauenbluse, variiert aber doch in einigen Details (Abb.18). Die Ärmel sind von anderem Schnitt und auch an der Oberkante des Stoffes werden einige Zuschnitte vorgenommen, um eine bessere Passform zu erreichen. Auch der am unteren Saum angesetzte Stoffstreifen wird raffinierter zugeschnitten. Dennoch ähnelt die Mädchenbluse in ihrer Verarbeitung so sehr dem der Frauenbluse, dass sie nach der gleichen Schneideranleitung angefertigt werden kann.

**Abb. 17**

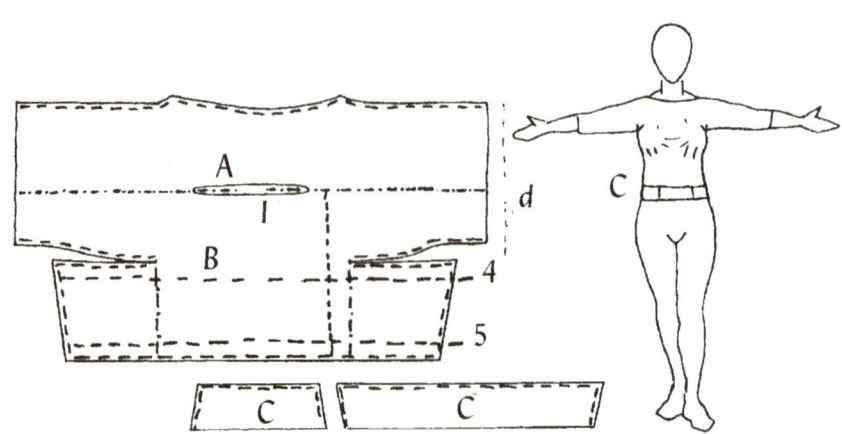

A = Halsöffnung / B = Vorderseite / C = Rückseite

**Abb. 18**

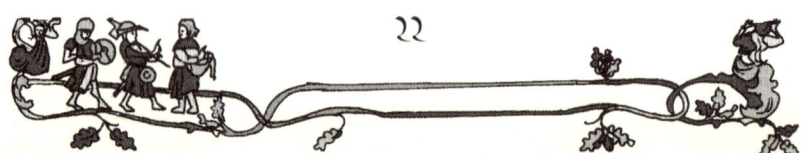

22

A = oberer Rand / B = Schnüre (ca. 38cm) / C = Ringenden
D = Verbindung der Schnüre / E = Umgenähte Ringenden

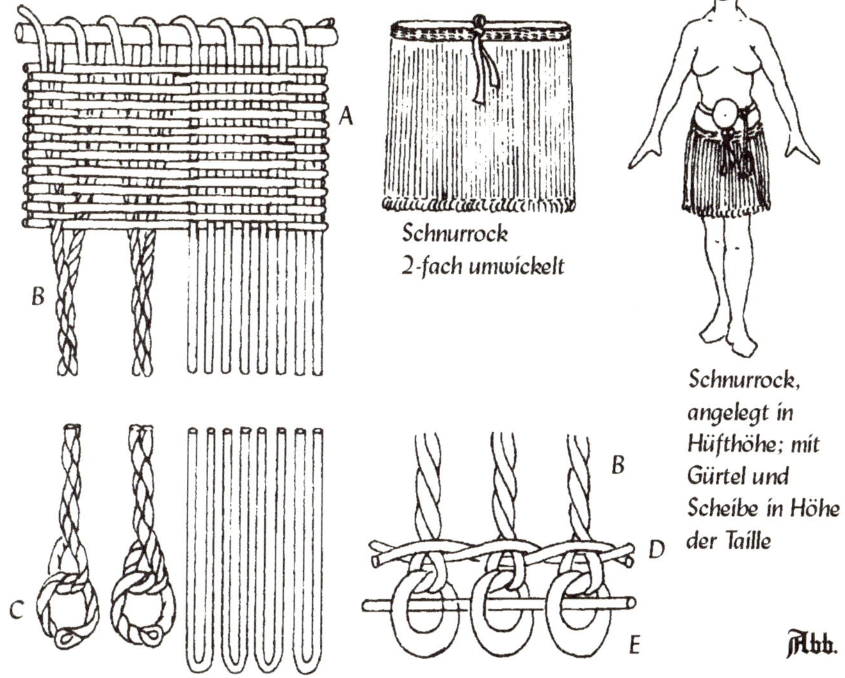

A

Schnurrock
2-fach umwickelt

B

Schnurrock,
angelegt in
Hüfthöhe; mit
Gürtel und
Scheibe in Höhe
der Taille

B

C

D

E

*Abb.* 19

Der Schnurrock (Abb.19) ist wesentlich schwieriger herzustellen. Zunächst benötigt man eine starke „Gürtelschnur" aus zwei bis drei verdrehten Wollfäden, die mindestens 1,50 m lang sein sollte, da der fertige Rock zweimal um den Körper gewickelt wird. Diese Gürtelschnur wird gespannt aufgehängt und über sie werden nun auf der gesamten Länge die einzelnen Schnüre aufgehängt, die später den bis etwa zu den Knien reichenden Rock bilden. Auf den oberen fünf bis zehn Zentimetern werden vor dem Verdrehen der Schnüre in Querrichtung weitere Wollfäden eingewebt, die später einen gürtelartigen Bund bilden (A). Daraufhin werden zunächst zwei Fäden verdreht, um dann wiederum mit zwei anderen, bereits zusammengedrehten Fäden weiter verdreht zu werden (B). Am unteren Ende angelangt, werden die beiden Fadenstränge zu einem losen Knoten geknüpft. Aus den überstehenden Fadenenden wird durch Übernähen mit einem Faden eine Schlinge gebildet (C). Oberhalb dieser Schlinge werden nun zwei Fäden durchgezogen, die dem Schnurrock zusätzliche Festigkeit verleihen sollen (D). Durch die Schlingen am Ende wird schließlich noch ein Faden gezogen, der den unteren Teil des Rockes rafft und zusammenhält (E).

23

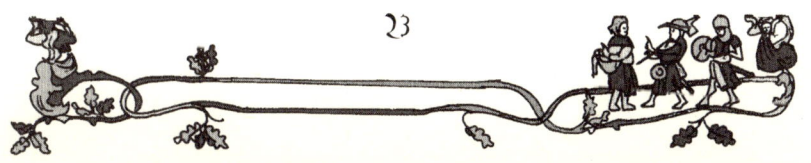

Aus weiteren Grabfunden ist bekannt, dass es durchaus noch andere Kleidungsstücke gegeben haben muss. Bei zwei Frauengräbern in Schwarza in Thüringen hat sich zwar die Kleidung selbst nicht erhalten, doch an den gefundenen Schmuckstücken fand man Reste von Textilien, sodass z.B. rekonstruiert werden kann, ob die Frauen lang- oder kurzärmelige Kleider trugen (Abb.20). Allerdings sind die Schlüsse, die sich aus dem Fundmaterial ziehen lassen, so vage, dass wir davon absehen, sie hier als Schnitt vorzustellen.

Abb. 20

# Die Kleidung der Eisenzeit

## Die Kelten

Etwa seit dem sechsten Jahrhundert v. Chr. spielte das Volk der Kelten eine bedeutende Rolle in der Entwicklung der Kleidung in Mittel- und Westeuropa. Durch ihre bereits erwähnte Vermittlerrolle zwischen den Mittelmeervölkern und den Barbarenstämmen beherrschten sie die Eisengewinnung wesentlich früher als ihre nördlichen und östlichen Nachbarn und sicherten sich so eine Vormachtstellung, die sie einige Jahrhunderte im kulturellen wie im politischen Bereich beanspruchen konnten. Sie waren die Träger der La-Tène-Kultur, die weit über die von ihnen bewohnten Gebiete hinaus wirkte. Ursprünglich stammten sie aus dem oberen Donaugebiet und eroberten zunächst in mehreren Wellen Norditalien, breiteten sich im Westen bis Spanien aus, im Norden bis Irland und im Osten über den Balkan bis Kleinasien.

Je weiter sie jedoch vordrangen, umso dünner wurde ihre Kultur tragende Oberschicht. Der Einfluss fremder Kulturen nahm zu und führte schließlich zum Zerfall der Keltenreiche. Die Neuerung der keltischen Tracht im Zuge ihrer gesellschaftlichen Entwicklung war dennoch beispielhaft: Während der Expansionsbewegungen bildete sich ein Kriegeradel, der sich vor allem durch unterschiedliche Trachtenelemente von dem gemeinen Volk abzusetzen suchte. Im Laufe der Eroberungszüge eigneten sich

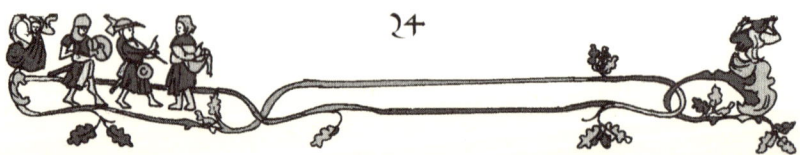

24

die Adeligen immer mehr Landbesitz an, sodass sie zu regelrechten Großgrundbesitzern wurden. Die Bauern verarmten zur gleichen Zeit immer mehr und gerieten in Abhängigkeit.

Durch die bei den Kelten vorherrschende Brandbestattung ist von ihrer Tracht wenig bis gar nichts übrig geblieben und so stützen sich die Rekonstruktionen weitestgehend auf die Berichte der antiken Schriftsteller, die sich etwa ab dem fünften Jahrhundert vermehrt mit den Kelten auseinander setzten, da deren Feldzüge eine Bedrohung für die südlichen Hochkulturen zu werden begannen.

### Die keltische Männerkleidung

Die keltischen Männer trugen sehr wahrscheinlich etwa bis zu den Knien reichende, gegürtete Kittel, die im Gegensatz zu denen der Germanen sehr viel weiter und stoffreicher waren. Oft beschreiben die antiken Schriftsteller, dass diese Kittel mit Kapuzen versehen waren. Darüber trugen die Kelten manchmal sogar mit Ärmeln ausgestattete Mäntel und darunter Hosen von oft erstaunlicher Weite. Besonders auffällig müssen die Muster und Farben ihrer Kleidung gewesen sein, da alle griechischen und römischen Schriftsteller immer wieder die Farbenpracht und Mustervielfalt betonen. Vor allem Karomuster verschie-

Abb. 21

denster Art scheinen besonders beliebt gewesen zu sein und es existiert ein Bericht über einen Keltenkönig, der sich in bunt gestreiften Pumphosen gefiel.

Ihren Haaren widmeten die Kelten ebenso viel Aufmerksamkeit, sodass mehrere Autoren es für nötig erachteten, dies extra zu erwähnen. Von Natur aus ein eher hellhaariges Volk unterstrichen sie dies, indem sie ihre Haare mit Kalklauge bestrichen, damit es noch blonder und dicker wirkte. Die antiken Schriftsteller verglichen es deshalb oft mit den Mähnen von Pferden. Vollbärte wurden anscheinend nicht getragen, aber auf den meisten antiken Darstellungen sieht man die Kelten mit gewaltigen Schnurrbärten.

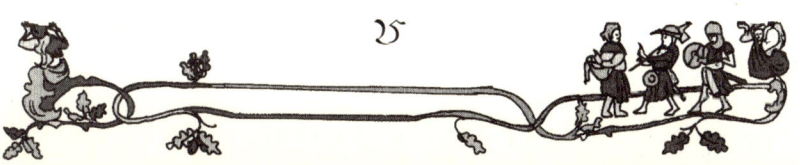

Die Kleidung der keltischen Männer unterschied sich nicht sehr von der ihrer östlichen Nachbarn, den Germanen. Insgesamt kann man aber sagen, dass die Kelten weitere Schnitte bevorzugten und mit den zur Verfügung stehenden Stoffen nicht so sparsam umgingen wie die Germanen.

Will man sich nun eine keltische Gewandung nachschneidern, kann man deshalb auf Schnitte von Fundstücken zurückgreifen, die zwar eigentlich aus germanischen Siedlungsgebieten stammen, aber deutliche keltische Einflüsse zeigen. Der in Abbildung 21 dargestellte weite Kittel ist recht typisch und kann nach dem einfachen Schnitt in Abbildung 28 genäht werden.

Ein dazu passender Hosenschnitt, der ebenfalls aus einem eigentlich germanischen Grabfund stammt, stellt hier die ideale Ergänzung zum beschriebenen Kittel dar, da er in der Weite sehr variabel ist und sogar zu einer Pumphose erweitert werden kann (Abb.22).

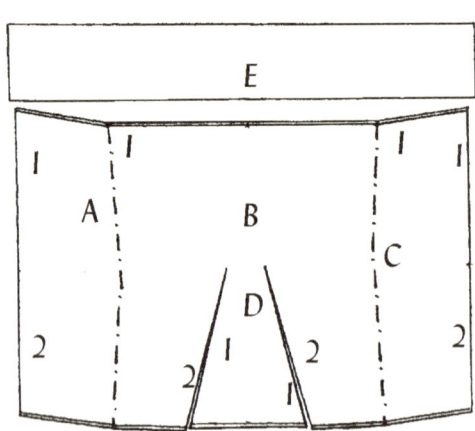

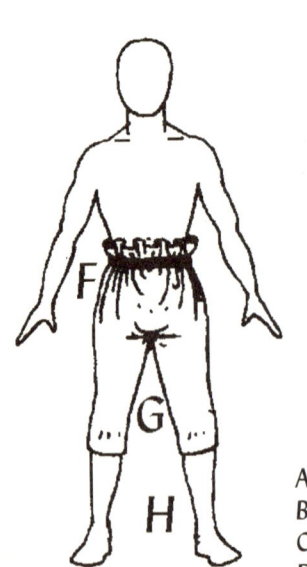

Abb. 22

A = Hinterer Teil des rechten Beines
B = Vorderseite
C = Hinterer Teil des Linken Beines
D = Zwickel für das Hinterteil, wird zwischen den Beinen
    hoch geklappt und bei I mit A und C vernäht
E = Oberer Rand
F = Gürtelraffung
G = Die Beinröhren in der Weite nach Bedarf anpassen
H = Unterschenkel mit Binden umwickeln
I = Faltkante

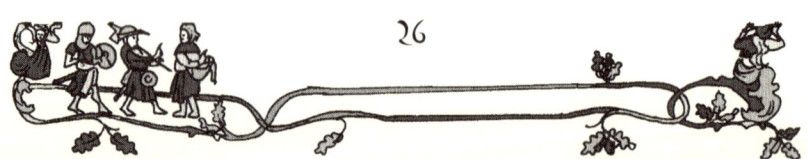

# Die keltische Frauenkleidung

Die keltische Frauenkleidung dürfte jener der Griechinnen durchaus vergleichbar gewesen sein, allerdings war sie grober und bunter. So wird sie zumindest von den griechischen Schriftstellern beschrieben, die auf ihren Reisen auch die Kelten besuchten. Man muss natürlich bedenken, dass diese Berichte stark durch die persönlich und vor allem kulturell geprägte Sichtweise des Autors gefärbt sind.

Ein keltisches Frauenkleid besteht eigentlich aus nichts anderem als einem knöchellangen, rechteckigen Stoffstück, das zu einer Röhre vernäht wird und in das man einfach hineinsteigt. Auf der Schulter wird das Kleid nur durch Fibeln gehalten. Bei einer weiter entwickelten Form dieses Kleidungsstückes wird eine Nahtkante nicht ganz geschlossen, sodass Platz für den Arm bleibt und an der gegenüberliegenden Seite der Stoffröhre wird noch ein weiterer Ärmeleinschnitt gemacht. Eine Illustration hierzu finden sie in Abbildung 23.

Später wurden langärmelige Unterkleider modern und man begann Kopftücher und Schleier zu tragen. Der Schnitt zu einem einfachen, langärmeligen Unterkleid, das auch unter einem keltischen Kleid gut aussieht, wird in dem Kapitel über byzantinische Frauenkleidung näher beschrieben. Die Frauen scheinen zumeist Leinenkleidung, die Männer dagegen mehr Wolle getragen zu haben.

Die Kelten liebten außerdem verschwenderischen Schmuck: Mehrere Fibeln, schwere Arm- und Halsreifen, sowie metallene Gürtel wurden von Frauen und Männern gleichermaßen getragen. Das beliebteste und verbreitetste Schmuckmaterial der Kelten war, zumindest innerhalb der Oberschicht, ohne Zweifel Gold.

# Die Germanen

Genauso wenig wie die Kelten hinterließen die Germanen schriftliche Zeugnisse oder Kunstwerke, die über ihre Tracht Auskunft geben könnten. So wäre man auch hier auf die Berichte antiker Schriftsteller angewiesen, hätten sich aus dieser Zeit nicht mehrere Moorleichen konserviert, anhand derer man exaktere Aussagen über die germanische Tracht machen kann. Im direkten Vergleich zeigt sich, wie ungenau die Beschreibungen der Autoren sind, weswegen man bei der Rekonstruktion von Kleidung, auch der bereits beschriebenen keltischen Tracht, anhand literarischer Berichte angemessene Vorsicht walten lassen muss.

Nachdem die keltischen Reiche zerfallen oder von den Römern erobert worden waren, traten die Germanen in direkteren Kontakt mit ihren südlichen Nachbarn als zuvor. Sie setzten sich zwar ebenfalls mit der antiken Tracht auseinander, glichen sich aber nie so sehr an diese an wie die Kelten.

Im Verlauf der Jahrhunderte bildete sich jedoch auch unter den Germanen immer

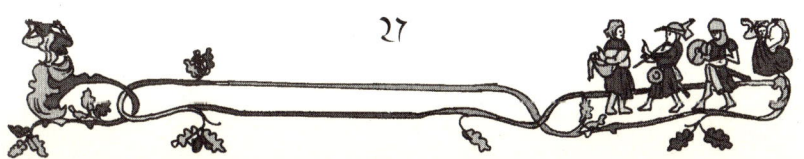

27

stärkere Klassenunterschiede heraus, die schließlich unter dem Stamm der Franken im Frühen Mittelalter zur Gründung des ersten Feudalstaates des europäischen Mittelalters führte. Zunächst waren die Rangunterschiede jedoch nicht besonders stark ausgeprägt. Dennoch dürfte die Verarbeitung und Kostbarkeit der Kleidung auch bei den Germanen über Standesunterschiede Auskunft gegeben haben.

### Die germanische Männertracht

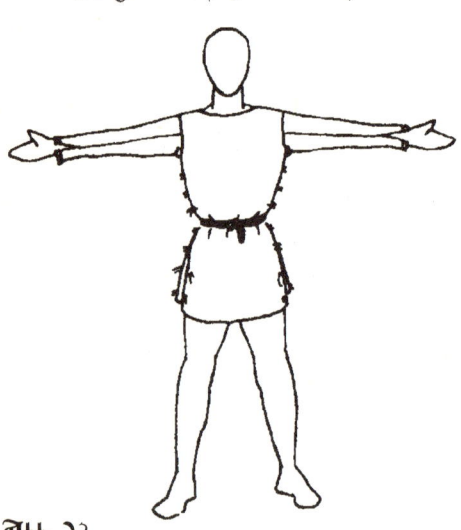

Die typische germanische Männerkleidung bestand aus Kittel, Hose und Umhang. Der Kittel hatte einen hemdartigen Zuschnitt und wurde oft (wie beim Fund von Thorsberg) an den Seiten nur durch eine Schnürung verschlossen (Abb. 23). Eine andere, ärmellose Kittelform war weiter und wurde meist gegürtet getragen (Abb. 24). Aus dieser Form ging der weite, gegürtete Kittel mit Ärmeln hervor (Abb. 25). Diese Kittel waren an den Ausschnitten, an den Ärmelöffnungen und den Säumen bestickt oder mit Borten oder Pelz besetzt. Seit dem dritten nachchristlichen Jahrhundert trug man unter diesen wollenen Kitteln einfache Leinenhemden von ganz ähnlichem Schnitt.

Abb. 23

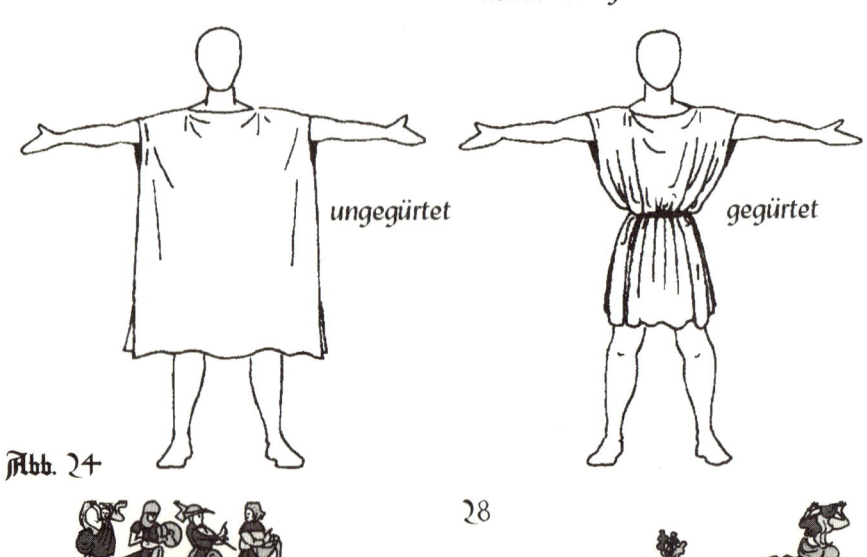

ungegürtet                    gegürtet

Abb. 24

28

ungegürtet          gegürtet

**Abb. 25**

Die germanischen Männer trugen im Gegensatz zu den Römern immer Hosen. Diese bestanden meist aus zwei röhrenförmigen Teilen für die Beine, an die verschiedene Keile und Stoffteile zur Verbindung der Hosenbeine über Bauch und Gesäß angenäht wurden. Sehr oft waren diese Hosen mit Füßlingen versehen (Abb.26 und 27), sodass das Umwickeln von Füßen und Waden mit Stoffstreifen eigentlich unnötig wurde. Nach wie vor existierten aber auch lange Hosen ohne Füßlinge (Abb.28) oder kurze Hosen (Abb.22). Die langen Hosen ohne Füßlinge wurden oft nur bis zu den Waden vernäht und dann durch Schnürungen geschlossen. Anstatt die Hosen

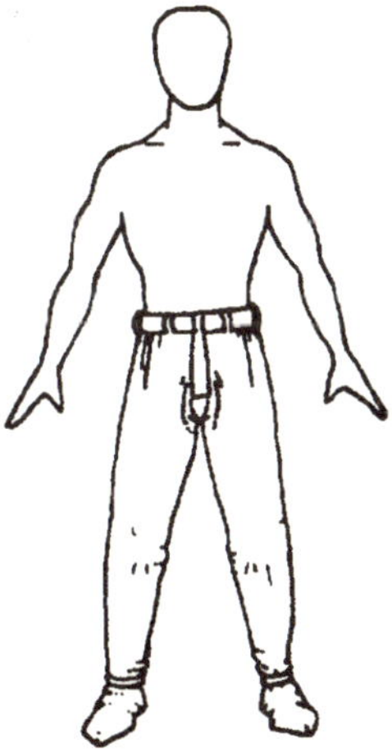

**Abb. 26** 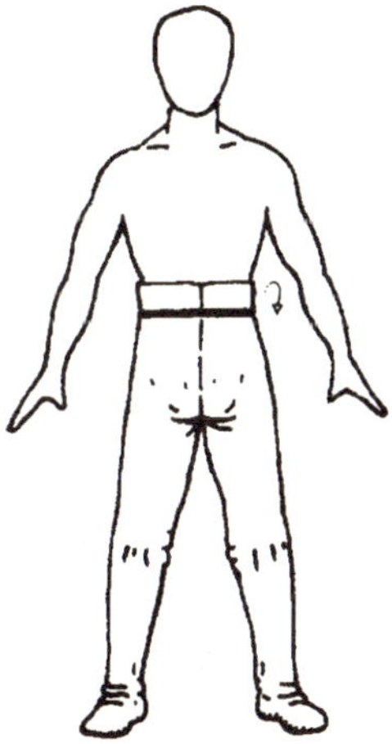          **Abb. 27** 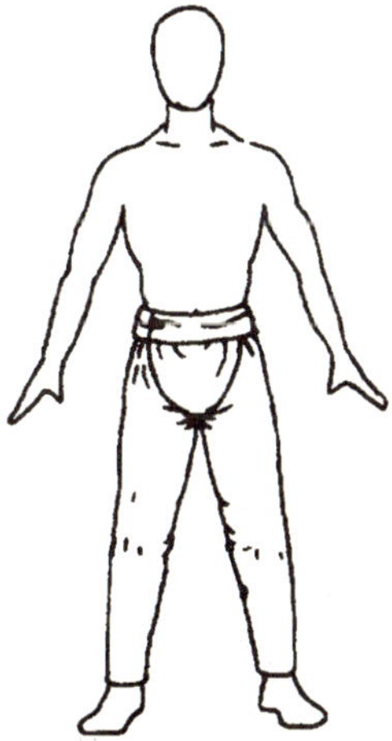          **Abb. 28**

29

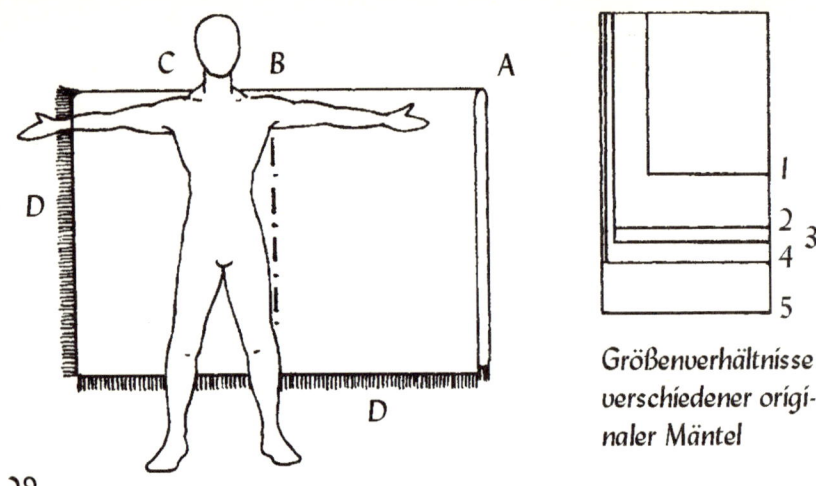

**Größenverhältnisse verschiedener originaler Mäntel**

**Abb. 29**

A = Auf der Länge von 2,30 m einmal falten (je 1,15 m)
B = An dieser „Achse" wird der Mantel um den Körper gelegt – mit der offenen Seite
  nach rechts (Schwertarm!)
C = An dieser Stelle die zwei Seiten aneinander befestigen (Fibel oder Nadel)
D = Im Original mit Fransen besetzt

1 = Dätgen (162 x 130 cm)
2 = Damendorf (218 x 165 cm)
3 = Thorsberg (230 x 168 cm)
4 = Obernaltendorf (253 x 180 cm)
5 = Hunteburg (300 x 180 cm)

**Abb.** 30
**Verschiedene Trageweisen**

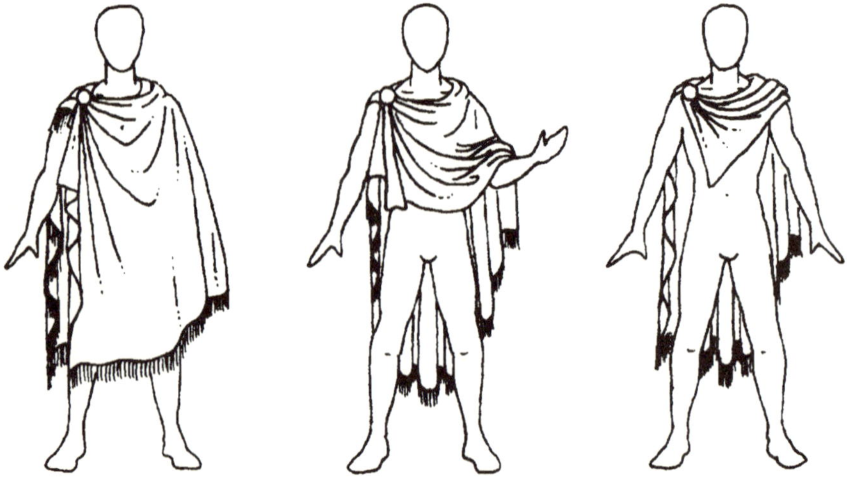

30

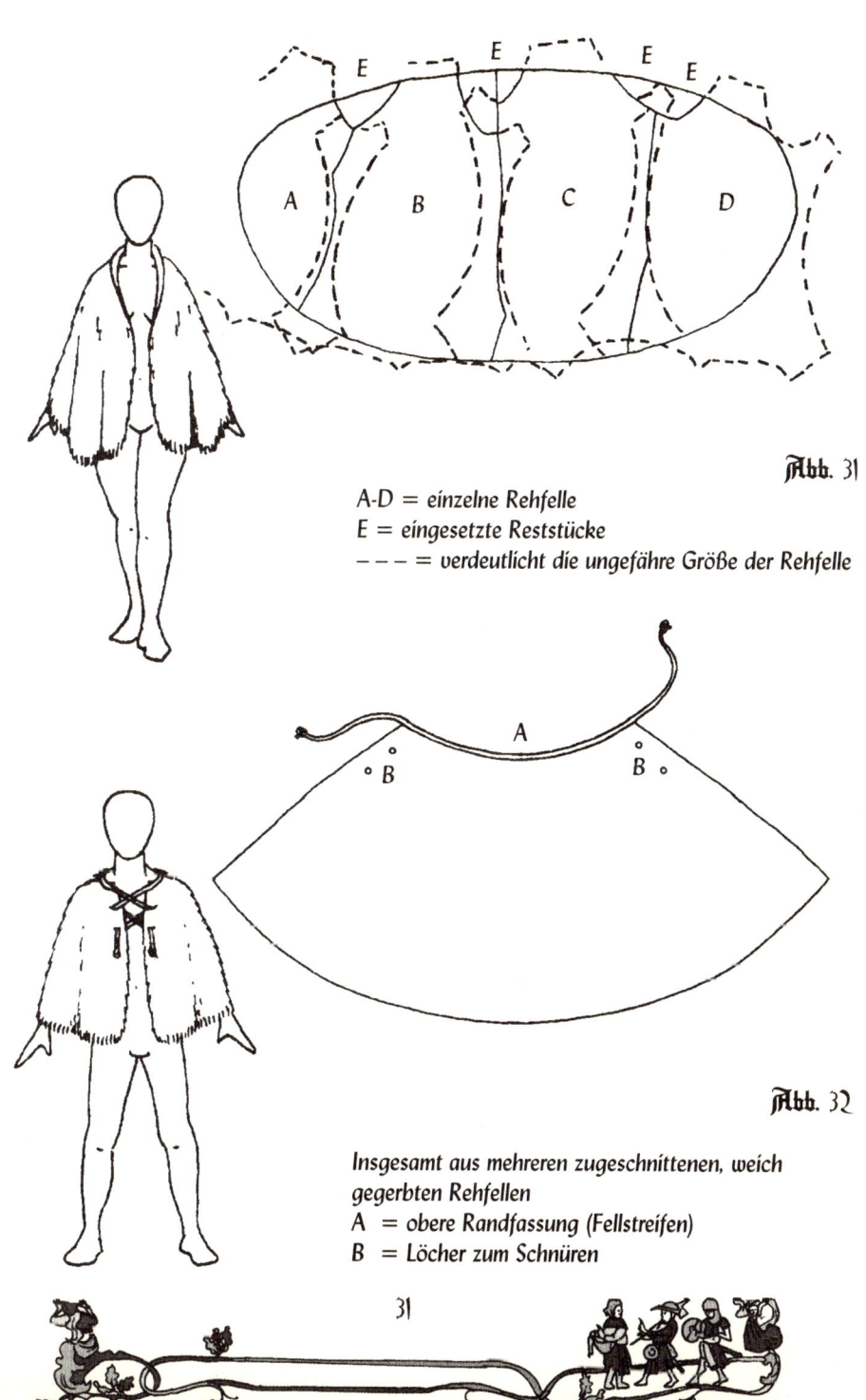

**Abb. 31**

A-D = einzelne Rehfelle
E = eingesetzte Reststücke
– – – = verdeutlicht die ungefähre Größe der Rehfelle

**Abb. 32**

Insgesamt aus mehreren zugeschnittenen, weich
gegerbten Rehfellen
A = obere Randfassung (Fellstreifen)
B = Löcher zum Schnüren

einfach nur durch einen um die Hüfte gewundenen Gürtel zu raffen, finden sich bereits Gürtelschlaufen. Wadenbinden wurden nie ganz aufgegeben. Daneben gab es röhrenförmige Wadenhüllen, die durch eine Kreuzschnürung an Ort und Stelle gehalten wurden.

Die Mäntel waren große, rechteckige Tücher (Abb.29), die um den Leib gelegt und auf einer Schulter von einer Fibel gehalten wurden (Abb.30). Daneben gab es für Frauen (Abb.31) und Männer (Abb.32) kleinere Schultermäntel, die vielfach aus Pelz gefertigt waren.

In den meisten germanischen Stämme (mit Ausnahme der Sachsen) trugen die Männer ihr Haar lang, da dies als Zeichen des freien Mannes galt. Dabei gab es bei den verschiedenen Völkern besonders bevorzugte Frisuren. So trugen z.B. die Sueben ihr Haar über der rechten Schläfe zu einem Knoten gebunden.

Zumeist waren die Germanen glatt rasiert. Die archäologischen Funde von Rasiermessern sprechen ebenso für diese Annahme wie die Tatsache, dass nahezu alle Moorleichen rasiert waren. Gleichwohl vermag sich hinter dem Stammesnamen der Langobarden eine besondere Barttracht verborgen haben – und wie immer in solchen Dingen wird es sehr wohl Modeerscheinungen gegeben haben.

### Schnittmuster

Der Kittel aus dem Thorsberger Fund lässt die interessante Tatsache erkennen, dass soweit als möglich die Webkanten eines Tuchstreifens ausgenutzt wurden, um sich das lästige Umsäumen zu ersparen (Abb.33). Da der ursprüngliche Tuchstreifen jedoch nur 57 cm breit war und mancher heutige Hobbyschneider über wesentlich mehr Schulterbreite verfügt, kann man diese Tatsache getrost vergessen und mit modernen Stoffbahnen aus dem Fachhandel arbeiten. Trotzdem kann es viel Zeit und Mühe sparen, wenn man sich vor dem Zuschnitt seine Stoffbahn anschaut und die Webkanten mit einplant.

Sie benötigen zwei identische Teile für Vorder- und Rück-

**Abb. 33.1**
Schnittmuster – alle Teile aus einer 57 cm breiten Tuchbahn zuschneiden

Ärmel

Ärmel

Rückseite

Vorderseite

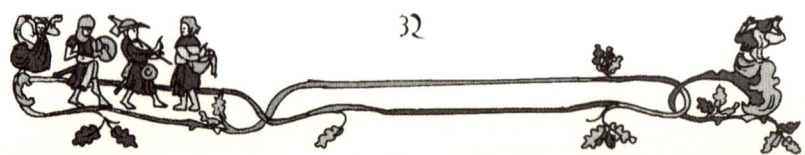

32

seite und zwei Teile für die Ärmel. Außer ihrer Schulterbreite, der Körper- und Armlänge und den Umfängen von Oberarm und Handgelenk benötigen sie keine weiteren Maße für den Kittel.

Auch der Schnitt für den ärmellosen Kittel aus Abb.24 ist denkbar einfach (siehe Abb.34). Sie benötigen im Prinzip nur zwei Stoffteile, die Brust- und Rückenteil des Kleidungsstückes bilden. Die Schulterbreite sollte hier großzügig bemessen sein und der ganze Kittel kann ruhig bis über die Mitte der Oberschenkel reichen. Die Seiten werden nicht komplett vernäht, sodass ein umsäumter Schlitz an den Seiten offen bleibt.

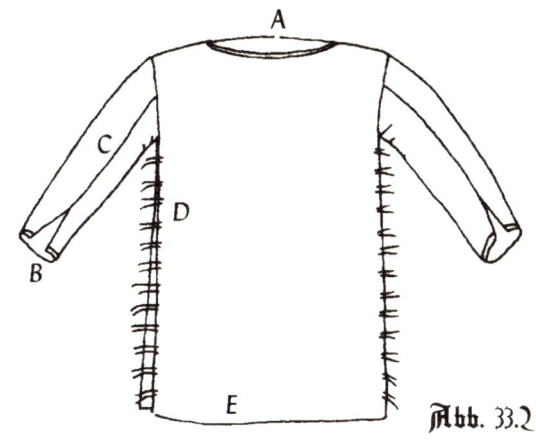

**Abb. 33.2**

A = Halsöffnung, versäumt
B = Ärmelabschluss mit Bund und Schlitz
C = Ärmelnaht liegt vorn
D = Schnüre
E = unterer Rand

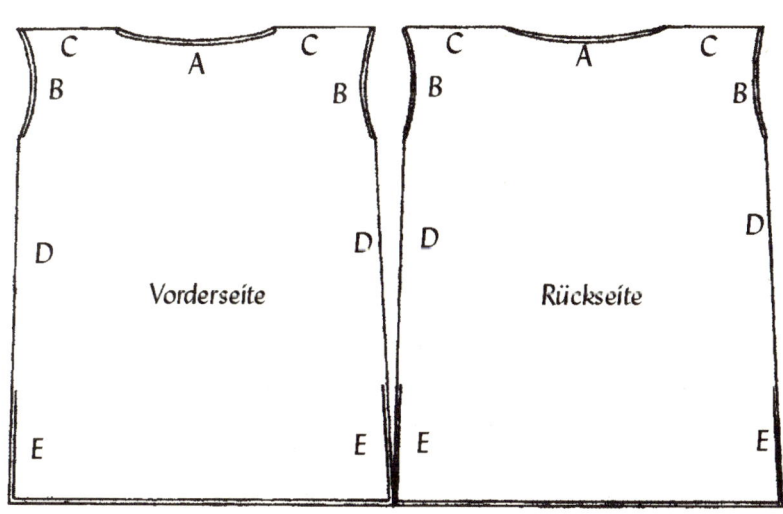

**Abb. 34**

A = Halsausschnitt (versäumt)  /  B = Armlöcher (versäumt)
C = Schultern (vernäht)  /  D = Seitennaht (vernäht)  /  E = Seitenschlitze

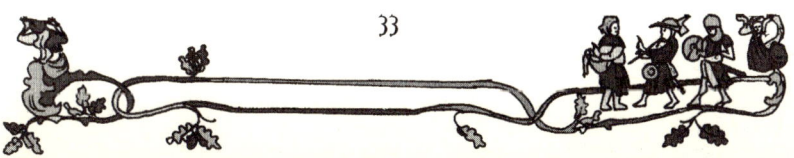

Der Schnitt zu dem Kittel mit Ärmeln aus Abbildung 25 geht mehr oder weniger aus dem eben beschriebenen hervor (Abb.35). Da der Kittel Arbeit und Zeit sparend aus einem Stück Stoff geschnitten wird, brauchen sie eine Stoffbahn, die nicht nur doppelt so lang ist wie die Strecke zwischen Schulter und Mitte der Oberschenkel, sondern in ihrer Breite von einem Handgelenk zum anderen reicht. Bei der Breite der Stoffbahn sollten sie großzügig kalkulieren, da die Ärmel ein wenig nach oben rutschen, wenn man den Kittel durch einen Gürtel rafft (vgl. Abb.25). Das zugeschnittene Stoffstück wird über der Schulter aufeinander geklappt und an den Rändern vernäht.

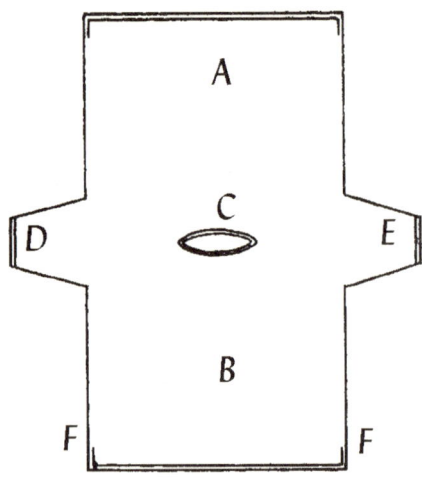

Abb. 35

A = Rückseite  /  B = Vorderseite
C = Halsausschnitt
D/E = rechter/linker Ärmel
F = Schlitze

Nach diesen relativ simplen Schnitten ist die Hose aus dem Thorsberger Fund aus Abbildung 19 schon sehr viel komplizierter zu schneidern (Abb.29). Die Mühe lohnt sich aber, da ihre gute Passform für Vieles entschädigt. Sie benötigen zwei spiegelverkehrte Teile für die Hosenbeine, hier mit A und C beschriftet. Die Länge der hier angegebenen Faltkante sollte ihrer Beinlänge von der Taille bis zum Knöchel entsprechen und die Breite der Teile dem Umfang ihrer Oberschenkel. Das hier mit B bezeichnete Stoffteil bedeckt das Gesäß und seine Breite ergibt sich aus der Differenz zwischen der Breite der Beinteile und ihrem Hüftumfang. An dieses Teil werden zwei Keile angesetzt, die von der Taille bis in den Schritt reichen. Den Schnitt für den Füßling sollten sie der Einfachheit halber mit Hilfe eines Fotokopierers vergrößern oder zumindest zunächst mit Modellen aus Papier oder dünnem Stoff ausprobieren. Die Länge sollte von der Fußspitze bis zum Ansatz des Beines reichen, die Breite

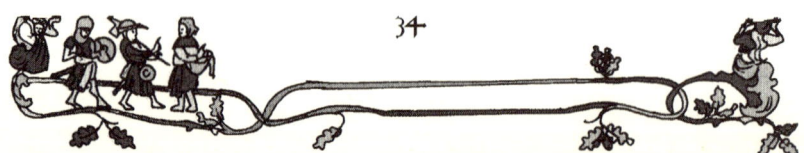

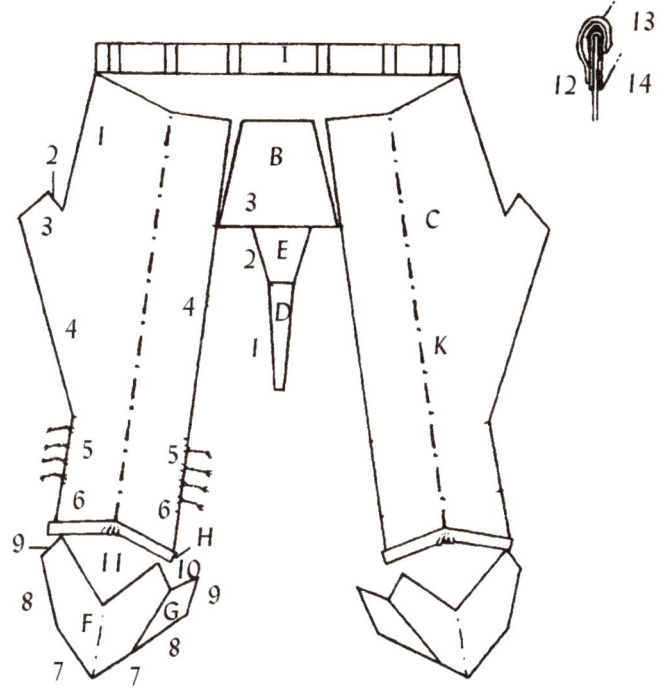

Abb. 36

A = Linkes Bein   B = Hinterteil   C = Rechtes Bein   D = Keil

E = Keil   F = Füßling - Oberteil   G = Füßling - Sohle

H = Band zum Verdecken der Naht Bein/Füßling

I = Oberer Rand mit Gürtlschlaufen

1 = vorn vernähen mit Keil D

2 = im Schritt vernähen mit Keil E

3 = mit dem Hinterteil vernähen

4+6 = innen liegende Beinnaht

5 = bleibt offen (möglicher Weise zum Durchstecken der Füße zum Barfußlaufen

7-10 = jeweils gleiche Zahl an den gegenüber liegenden Kanten vernähen

11 = den fertigen Füßling an das fertige Beinteil nähen

12-14 = Anbringen der Gürtelschlaufen

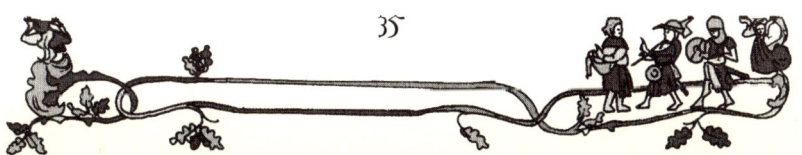

muss ebenso breit sein wie ihr Fuß, gemessen über der höchsten Stelle. Die Naht zwischen Füßling und Hosenbein wird durch ein Stoffband H verdeckt und gleichzeitig verstärkt.

Die Hose braucht nun noch einen oberen Abschluss. Dieser wird durch den Bund I gebildet, der mit den Gürtelschlaufen L versehen ist. Zunächst müssen sie nun den länglichen Keil D mit dem mit I bezeichneten Teil des Hosenbeines vernähen. Daran kommt Keil E, der mit Kante 2 verbunden wird. Die überstehende Kante des Hinterteiles B, die nicht mit dem mittig angenähten Keil E verbunden ist, wird an das überstehende Teil der Hose, hier mit 3 bezeichnet, genäht. Anschließend vernähen sie die Hosenbeine, die die Ziffer 4 tragen. Die mit 5 gekennzeichneten Ränder der Hosenbeine werden nicht vernäht, sondern nur umsäumt und mit Schnüren versehen, damit man später besser in die Füßlinge steigen kann, da die Hose an den Knöcheln relativ eng sitzt.

Die Nähte 7-10 verbinden die Einzelteile des Füßlings und sollten wegen des besseren Tragekomforts an der Außenseite liegen. Der Füßling kann nun am Hosenbein angebracht werden. Nun bleibt nur noch, das zweite Hosenbein fertig zu stellen und die Gürtelschlaufen anzubringen, was sie in einer Detailzeichnung erläutert finden.

Ein weiterer Schnitt zu einer Hose mit Füßlingen (Abb.37) ist wesentlich einfacher nachzuschneidern! Sie benötigen wiederum zwei spiegelverkehrte Beinteile A und C und ein fast quadratisches Hinterteil B. Die Länge der Beinteile berechnen sie anhand der angegebenen „Umklapplinie", die der Strecke zwischen Taille und Knöcheln entspricht. Sie nähen zunächst das Hinterteil zwischen die Beinteile, klappen diese dann an der angegebenen Linie um und vernähen sie anschließend. Der Bund sollte ein wenig über die Taille reichen, sodass er um das Band oder den schmalen Gürtel geklappt werden kann, das die Hose später oben hält.

Der Originalfund zeigt noch die Reste von Füßlingen, die jedoch nur sehr schlecht erhalten sind. Man kann sie jedoch auf sehr einfache Art ergänzen. Sie messen ihren Fuß von der Beuge bis zur Spitze über den Spann. Dazu ergänzen sie eine Sohle entsprechend ihrer Schuhgröße. Der Schnitt ist in etwa dem einer modernen Strumpfhose vergleichbar. Im oberen Wadenbereich bleibt die Hosennaht auch hier wieder auf die Länge einer Hand unverschlossen. Man kann so die Füße einfach nach außen durchstecken, um zu verhindern, dass die Hose, vielleicht beim Durchwaten eines Baches, nass wird.

Der Schnitt zur Hose ohne Füßlinge (Abb.37) ist dagegen wieder etwas komplizierter. Neben den beiden Beinteilen B und D benötigen sie einen vorderen, halbrunden Einsatz A und einen quadratischen Hintereinsatz C, sowie zwei Keile F und G und schließlich den Bund E. Für die Beinteile ist wiederum die Länge zwischen Taille und

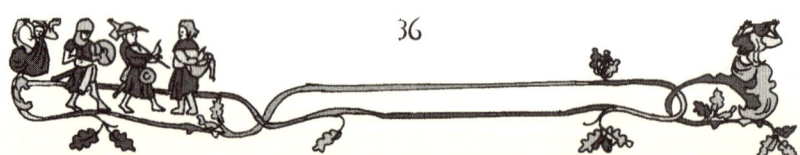

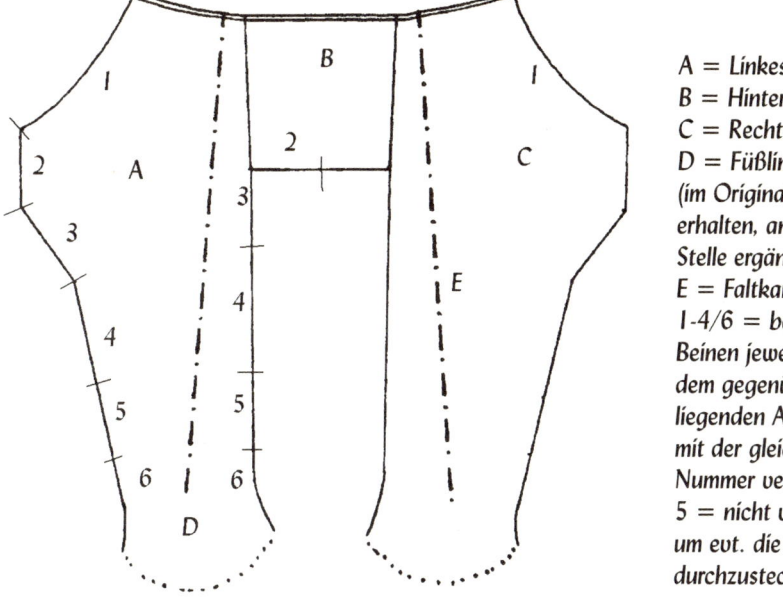

**Abb.** 37

A = Linkes Bein
B = Hinterteil
C = Rechtes Bein
D = Füßlinge
(im Original schlecht
erhalten, an dieser
Stelle ergänzen)
E = Faltkante
1-4/6 = bei beiden
Beinen jeweils mit
dem gegenüber
liegenden Abschnitt
mit der gleichen
Nummer vernähen
5 = nicht vernähen,
um evt. die Füße
durchzustecken

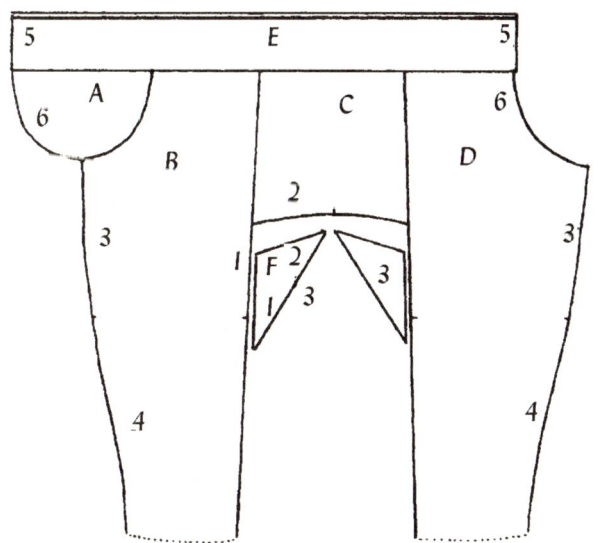

**Abb.** 38

A = Vorderer Einsatz
B = Linkes Bein
C = Hinterer Einsatz
D = Rechtes Bein
E = Oberer Rand
F = Keil
1-6 = jeweils die
nummerierten Kanten
vernähen

37

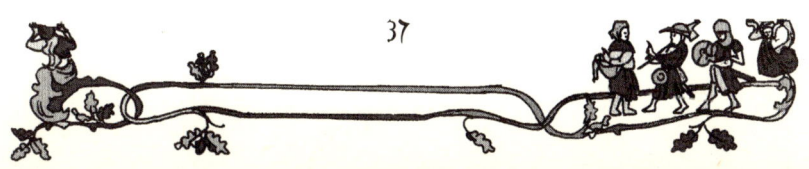

Knöchel zu nehmen und alle Einzelteile müssen zusammengenommen den Hüftumfang ergeben. Auf Höhe der keilförmigen Einsätze muss die Hose so weit sein wie ihr Oberschenkelumfang.

Zunächst nähen sie nun den Hintereinsatz C, wie in der Abbildung gezeigt, zwischen die beiden Beinteile. Anschließend müssen sie die beiden Keileinsätze mit dem Hintereinsatz und den entsprechenden Stellen an den Beinteilen verbinden. An eines der Beinteile sollten sie jetzt bereits den Vordereinsatz A nähen, sodass der Bund ebenfalls auf ganzer Länge angebracht werden kann. Klappen sie jetzt die Hose zusammen und vernähen sie die schrägen Kanten der Keile und die restlichen Nahtkanten. Wenn sie wollen können sie auch an dieser Hose Gürtelschlaufen anbringen oder sie einfach mit einem Riemen auf den Hüften halten.

### Die germanische Frauentracht

In der Frauenkleidung der Germanen ändert sich wenig im Vergleich zur Kleidung der Keltinnen. Zumeist scheinen weiter die losen Gewänder aus einer Stoffröhre getragen worden zu sein (Abb.39), die dem griechischen Peplos ähnelten. Sowohl die Beschreibungen der antiken Schriftsteller wie auch archäologische Funde lassen diesen Schluss zu. Allerdings scheinen die Germaninnen damit begonnen zu haben, ihre Kleider durch zunächst nur angenestelte Ärmel zu ergänzen.

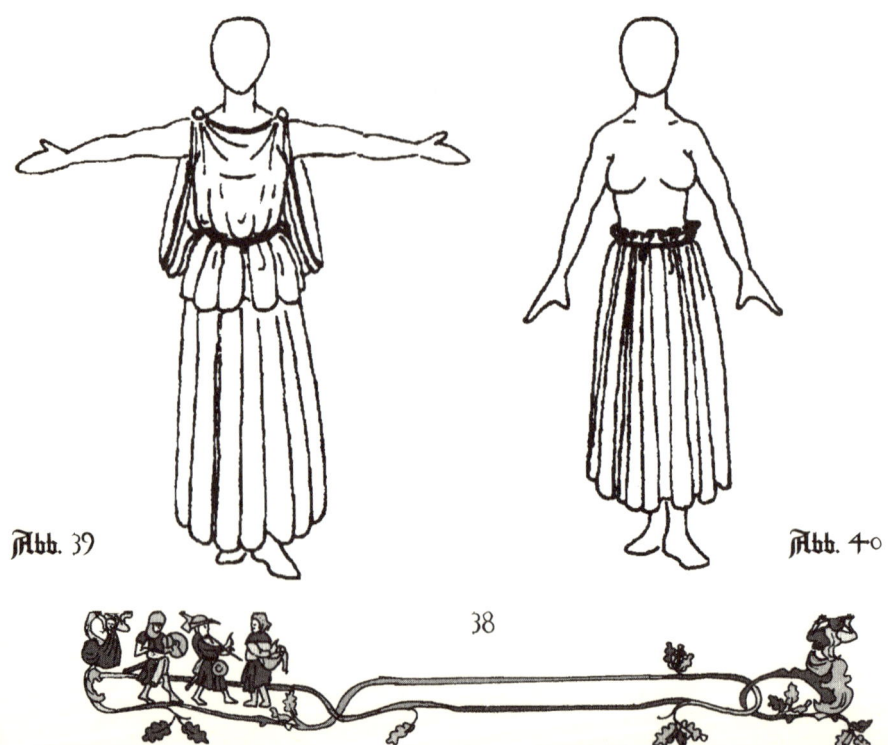

Abb. 39

Abb. 40

Um das zweite nachchristliche Jahrhundert bekamen diese Kleider mehr und mehr einen echten Zuschnitt und hatten entweder kurze oder lange Ärmel. Sie glichen im Wesentlichen einer Tunika (vgl. dazu den Schnitt zu einem Untergewand der byzantinischen Tracht in Abb. 75). Es haben sich zu diesen Kleidungsstücken zwar keine passenden Oberteile erhalten, aber vermutlich haben sie im Schnitt den Kitteln der Männer geähnelt. Außerdem wurden weiter lange Röcke von erwachsenen Frauen (Abb.42) und kürzere von jungen Mädchen, ähnlich wie in der Bronzezeit aus einem Stück Stoff, getragen. Generell lässt sich sagen, dass Leinen in der Frauenbekleidung auch bei den Germanen weiter verbreitet war. Da dieses Material weniger dauerhaft ist als Wolle, mag dies ein Grund sein, warum weniger Frauenkleider erhalten geblieben sind. Unterwäsche im modernen Sinn hat es dagegen überhaupt nicht gegeben. Vermutlich haben die Frauen lediglich Bein- und Brustbinden getragen.

Abb. 41

Die Haartracht war ebenfalls nicht sehr aufwändig. Verheiratete Frauen steckten ihr Haar hoch, während die unverheirateten es offen auf die Schultern fallen ließen. Obwohl römische Autoren die Germanen als „Struwwelköpfe" bezeichneten, scheint auch ihnen die Haarpflege nicht unbekannt gewesen zu sein, wie Grabfunde von Kämmen und Schminkutensilien beweisen. Auch das Färben der Haare war weit verbreitet und sorgte für den von den Römern so bewunderten Rotton. Die Germaninnen bedeckten ihr Haar oft mit Netzen und Schleiern und mit dem Fortgang der Christianisierung fanden Kopftücher immer mehr Verbreitung.

## Schnittmuster

Die Schnittmuster zur Tracht der germanischen Frauen sind denkbar einfach. Zumeist handelt es sich um Stoffröhren verschiedener Länge, die durch Gürtungen und Fibeln in entsprechende Form gebracht werden (Abb.42, 43 und 44)
Bei den Zuschnitten zu den germanischen Röcken der Frauen (Abb. 43) und Mädchen (Abb. 44) handelt es sich um einfache Stoffröhren verschiedener Länge, die durch den Gürtel gerafft werden. Die seitlichen Schlaufen am Mädchenrock mögen der Befestigung von Trägern gedient zu haben.

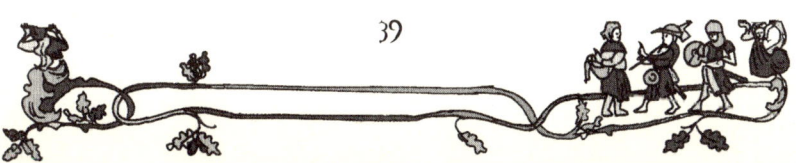

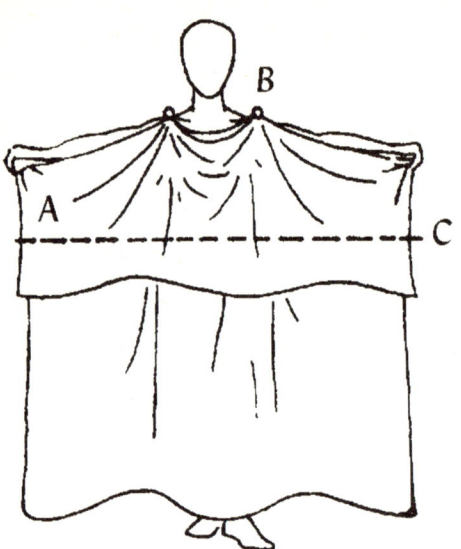 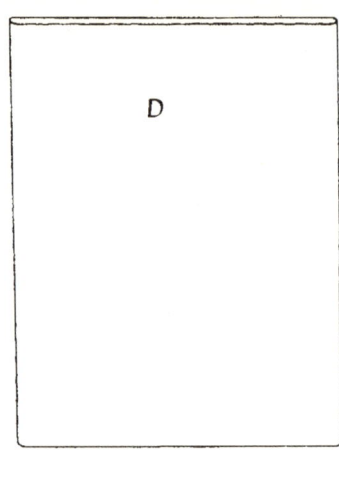

Abb. 42

A = umgeklapptes oberes Ende der Stoffbahn
B = Fibeln
C = später Gürtung
D = Stoffröhre (mind. 170cm)

Abb. 43

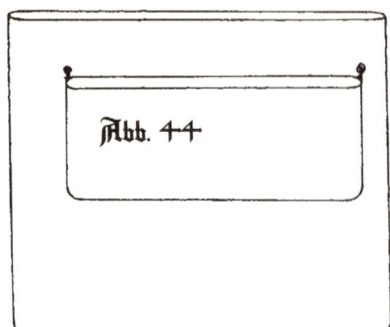

Abb. 44

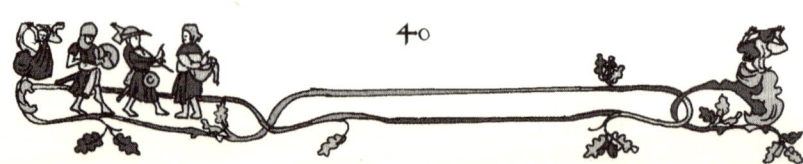

40

# Männerkleidung vom 9. bis 15. Jahrhundert

### Text und Zeichnungen von Michael Störmer

Abb. 45

Dieses Kapitel umfasst den gewaltigen Zeitraum von 700 Jahren. Es beginnt mit
der Krönung Karls des Großen zum Kaiser im Jahr 800 und endet im Jahr
1500, in dem Maximilian I., der letzte Ritter und Vater der Landsknechte
die Kaiserwürde seit sieben Jahren inne hat. In diesem langen Zeitraum machte
die Männerkleidung viele Veränderungen durch. Besonders im 14. und 15.
Jahrhundert begegnen wir regelrechten, oft nur kurzlebigen Modeströmungen und
regionalen Besonderheiten und Vorlieben.
Auf diesem Grund soll dieses Kapitel zwei Aufgaben erfüllen: Es soll einerseits
die Grundzüge der Entwicklung der mittelalterlichen Männerkleidung möglichst
kompakt zusammenfassen und erklären und gleichzeitig helfen, sich eine

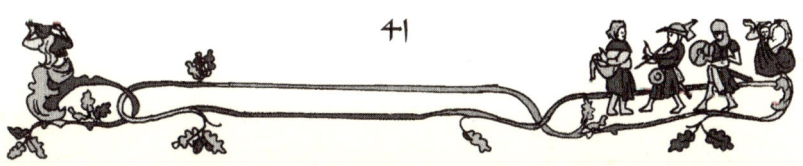

mittelalterliche Gewandung, deren Einzelteile im richtigen historischen Kontext zueinander stehen, zu schneidern.

Bei den hier vorgestellten Schnitten und Nähanleitungen, vom karolingischen Männerkittel bis zur spätmittelalterlichen, burgundischen Houppelande, handelt es sich wegen des spärlichen Bestandes von Originalstücken nicht immer um echte Rekonstruktionen. Vielmehr sind manche der Schnittmuster das Ergebnis der Betrachtung von Kunstwerken und eigenen Schneiderversuchen, sodass ein einigermaßen authentisches Aussehen des fertigen Kleidungsstückes gewährleistet werden kann.

**Abb. 46**
(karolingische Männerkleidung)

## Die Männerkleidung des 9. Jahrhunderts

### Gewandformen

Im dritten Jahrhundert nach Christi Geburt begann die Unterwerfung Galliens und Germaniens durch den Stamm der Franken. Über diesen herrschte vom Ende des fünften bis zur zweiten Hälfte des siebten Jahrhunderts das Geschlecht der Merowinger. Diese verloren bis zum Ende des Jahrhunderts jedoch ihre Macht an die Familie ihres eigenen Maior Domus, ihres Hausmeiers Pippin II. Und der Aufstieg der Karolinger begann. Den Höhepunkt dieser Entwicklung bildet die schon erwähnte Kaiserkrönung Karls des Großen am Heiligen Abend des Jahres 800.

Von Karl dem Großen wird berichtet, dass er ein Feind jeglicher modischer Extravaganz gewesen sei. So sagt sein Biograph Einhard in der „Vita Caroli Magni", dass der Kaiser fränkische Tracht bevorzugte und nur zu seiner Krönung in Rom das feierliche byzantinische Ornat anlegte. Die fränkische Tracht bestand aus einem eng anliegenden, langärmeligen Kittel und langen Hosen aus Wolle.

Im Gegensatz dazu bevorzugte man auf den britischen Inseln schon in dieser Zeit eine kurze Unterhose und einen Untergürtel an den zwei separate Beinlinge genestelt wurden.

Die Beinkleider wurden bei den Franken bis zu den Knien mit Binden umwickelt und die Füße steckten in knöchelhohen Schlupfschuhen, Socci genannt, oder in leichten

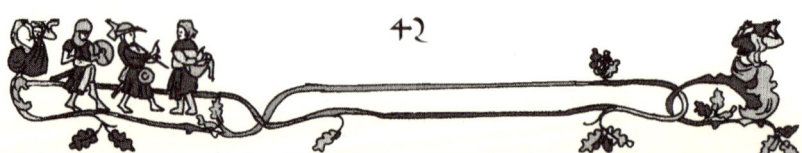

Stiefeln. Aber auch der einfache Bundschuh erfreute sich großer Beliebtheit. Als Unterwäsche dienten ein Hemd und eine Hose aus Leinen. Über allem wurde ein meist auf einer Schulter mit einer Fibel geschlossener Mantel, das Sagum, getragen, der in seiner Form mit der griechischen Chlamys vergleichbar ist. Dieser Mantel bestand aus einem rechteckigen, doppelt gefalteten Stück Tuch (vgl. Abb.29 und 30). Ursprünglich keltisch, wurde er schnell von Römern und Germanen angenommen. Das Haar trugen die Franken seit dem sechsten Jahrhundert kurz geschnitten vom Wirbel aus frisiert und nicht mehr, wie bis dahin, lang und zu Zöpfen geflochten.

Um diese doch recht theoretische Beschreibung der karolingischen Männerkleidung aber ein wenig zu veranschaulichen, soll hier aber nun ein Zeitzeuge zu Wort kommen. Der Verfasser des Werkes „De Gestis Caroli Magni", ein Sankt Gallener Mönch, gibt eine gute Beschreibung der Erscheinung des Kaisers in karolingischer Tracht ab:

> „Sie bestand in Schuhen, die außen mit Gold verziert und mit drei Ellen langen Riemen versehen waren, mit scharlachnen Binden um die Beine und darunter leinenen Hosen, obwohl von derselben Farbe, doch in kunstreicher Weise bunt gemacht. Über diese und die Binden wanden sich kreuzweise, innen und außen, vorn und hinten, jene langen Schuhriemen. Dann ein Rock von glänzender Leinwand und darüber das Wehrgehenk mit dem Schwerte. Das letzte Stück des Anzuges war ein grauer oder blauer Mantel, viereckig, doppelt und so geformt, dass, wenn er auf die Schultern gelegt wurde, er vorn und hinten die Füße berührte, an den Seiten aber kaum die Knie bedeckte."

Im Jahr 808 gab Karl der Große ein Aufwandgesetz für die Kleiderherstellung, also quasi eine erste Kleiderordnung, heraus. Das Aufwandgesetz stellte zwar noch keine konkreten Regeln auf, wie sich die Untertanen des Kaisers im Einzelnen zu kleiden hatten, hatte aber dennoch einen gewissen Einfluss auf die Kleidung vor allem der einfacheren Bevölkerung. Dieser stand nämlich nur sechs Ellen Stoff ihre Kleider zu. Andererseits legte Karls Gesetz aber auch Höchstpreise für Pelzwerk und ausländische Stoffe fest.

Auch wenn der Kaiser seinen ärmeren Untertanen mit dem Aufwandgesetz nur wenige modische Extravaganzen erlaubte, war der karolingischen Männertracht Prachtentfaltung nicht fremd. Eine Anekdote aus dem Sankt Gallener „De Gestis Caroli Magni" kann dafür als Beleg herangezogen werden:

> „Als einst Karl, der rüstigste unter den rüstigen Franken, in einer Gegend des nördlichen Italiens wegen der Einsetzung eines Bischofs längere Zeit verweilte, da sagte er an einem Festtage nach der Feier der Messe zu den Kriegern: ‚Um nicht in Müßiggang hinlebend der Trägheit zu verfallen, lasst uns auf die Jagd gehen, bis wir etwas erbeuten und lasst uns alle in der Kleidung

43

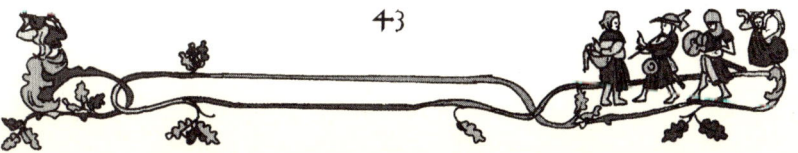

ausziehen, die wir jetzt anhaben.' Es war aber ein kalter Regentag und Karl selbst hatte seinen Schafspelz an. Die Übrigen aber gingen, da Festtage waren und sie gerade von Padua kamen, wohin eben Venezianer von jenseits des Meeres alle Reichtümer des Ostens gebracht hatten, gekleidet in Häute phönizischer Vögel, welche weichen Flaum hatten, mit Seide eingefasst, dann geziert mit der Hals- und Rückenhaut und den Schwanzfedern der Pfauen und mit tyrischem Purpur oder Orange farbenen Streifen besetzt, andere in Marder- und Hermelinfelle gehüllt; so durchstreiften sie den Wald und, zerfetzt von Baumzweigen und Dornen, vom Regen durchnässt, auch durch das Blut der Tiere und die frisch abgezogenen Häute beschmutzt, kehrten sie zurück. Da sprach der listige Karl: ‚Keiner von uns ziehe seinen Pelz aus, bis wir zum Schlafen gehen, damit er auf unserer Haut besser trocknen könne.' Nach seinem Befehl sorgte jeder mehr für seinen Leib als sein Kleid und suchte sich überall ein Feuer, um sich zu erwärmen. Bald aber zurückkehrend und im Dienste des Herren bis tief in die Nacht verweilend, wurden sie endlich nach Hause entlassen. Und da sie nun anfingen, die feinen Felle oder die noch dünneren Seidenstoffe auszuziehen, machten sich die Brüche der Falten und Nähte weithin hörbar, wie wenn man dürres Holz zerbricht und sie seufzten und jammerten und klagten, dass sie soviel Geld an einem einzigen Tag verloren hätten. Vom Kaiser aber erhielten sie den Befehl, sich ihm am nächsten Tag wieder in demselben Pelz vorzustellen. Das geschah und da nun alle nicht in schönen Gewändern glänzten, sondern von Lumpen und farbloser Hässlichkeit starrten, so sprach der verständige Karl zu seinem Kämmerer: ‚Nimm jetzt meinen Pelz und bring ihn uns vor Augen.' Unversehrt und glänzend wurde er hereingebracht und er nahm ihn in die Hand, zeigte ihn allen Anwesenden und sprach. ‚O ihr törichtsten aller Menschen, welches Pelzwerk ist nun kostbarer und nützlicher, meines hier, das ich für einen Schilling gekauft habe, oder eure da, welche nicht nur viele Pfunde, sondern viele Talente gekostet haben?' Da schlugen sie die Augen nieder und mochten nicht seinen schrecklichen Blick ertragen."

Einerseits belegt diese Erzählung die Abneigung Karls des Großen gegen übermäßige Prachtentfaltung, andererseits zeigt sie aber auch die Vielfalt des Kleiderschmucks, die den Menschen der damaligen Zeit durch Handelsbeziehungen mit dem Orient zur Verfügung stand. Kostbare Pelze und mit Edelmetalldraht durchwirkte Schmuckborten verzierten die Kleidung des Adels, wie Funde aus Gräbern auf der schwedischen Insel Birka belegen, die allerdings ein Jahrhundert nach Karls Herrschaft datieren.
Die oben beschriebene fränkische Mode blieb mit kleinen Veränderungen bis ins

44

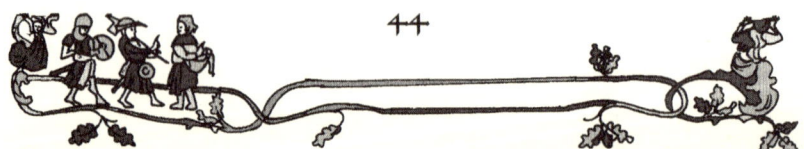

II. Jahrhundert für ganz Westeuropa bestimmend. Noch gab es kein eigentliches Schneiderhandwerk durch das sich regionale und vor allem modische Unterschiede hätten stärker herausbilden können. Kleidung wurde durch alle Bevölkerungsschichten hindurch von Frauen in Heimarbeit hergestellt. Allenfalls in Frauenklöstern wurden regelrechte Auftragsarbeiten erledigt, obwohl auch hier nur relativ selten für die profane Welt gearbeitet wurde und liturgische Gewänder das Hauptprodukt bildeten.

# Karolingische Gewandschnitte

## Fränkischer Leibrock

Dieser wichtigste Bestandteil der karolingischen Kleidung ähnelt in seiner Form der spätrömischen Tunika, ist jedoch von engerem, körperbetonterem Schnitt. Ungegürtet reicht er dem Träger bis zum Knie, wird jedoch, ganz nach Geschmack, durch einen Gürtel gerafft und gebauscht getragen.

Zur besseren Bewegungsfreiheit können die Seitennähte vom unteren Saum an ein paar Zentimeter offen gelassen werden. Die Ärmel liegen eng an und umschließen auch das Handgelenk relativ eng. Das ganze Kleidungsstück kann, dem sozialen Rang des Trägers entsprechend, an Halsausschnitt, Handgelenken und Saum mit Borten verziert werden.

## Fränkischer Leibrock
(Variante I)
Diese Variante des Leibrocks (Abb.47) wird aus einem Stück Tuch geschnitten. Hat man die Schnittform des Rockes nach seinen persönlichen Maßen ausgeschnitten, klappt man das so entstandene Stoffstück entlang der in der Zeichnung gestrichelten Linie zusammen, sodass Vorder- und Rückenteil aufeinander zu liegen kommen und vernäht das Ganze.

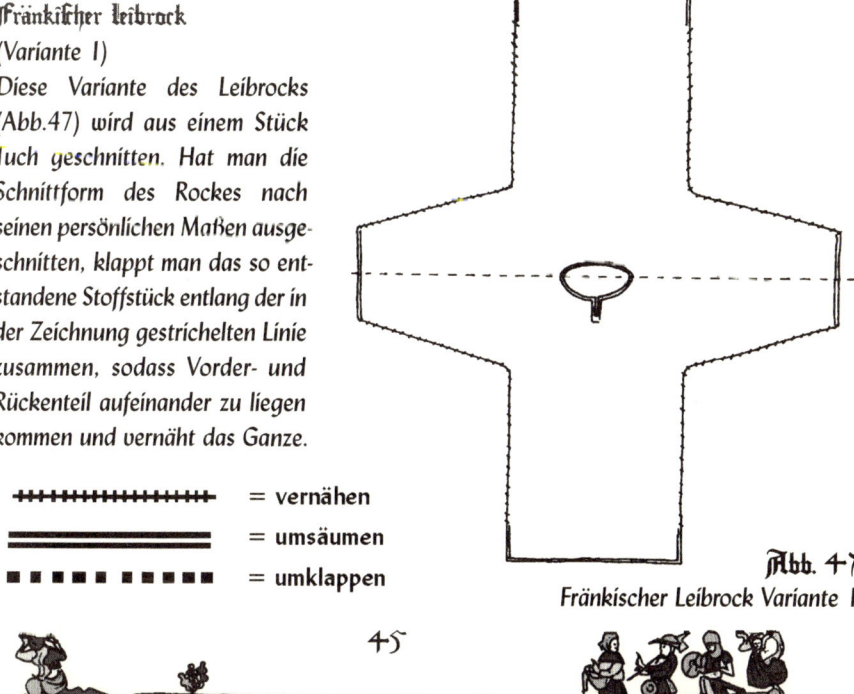

+++++++++++++++ = vernähen

━━━━━━━━━━ = umsäumen

■ ■ ■ ■ ■ ■ ■ ■ ■ ■ = umklappen

Abb. 47
Fränkischer Leibrock Variante I

45

## Fränkischer Leibrock

(Variante 2)

Der zweite hier angegebene Schnitt (Abb. 48) erscheint zwar ein wenig komplizierter, verspricht aber aufgrund der zugeschnittenen Schultern eine bessere Passform als der oben beschriebene. Nebenbei bemerkt lässt er sich auch Stoff und damit Geld sparender zuschneiden.

Beim Zuschnitt von Vorder- und Rückenteil ist zu beachten, dass der Halsausschnitt beim Vorderteil etwas tiefer sein muss. Ansonsten sind beide Stoffstücke von genau gleicher Form. Die Ärmel sind wiederum an der in der Zeichnung gestrichelten Linie zu falten und anschließend zu vernähen. Die so entstandene Ärmelröhre muss dann nur noch an den „Körper" genäht werden.

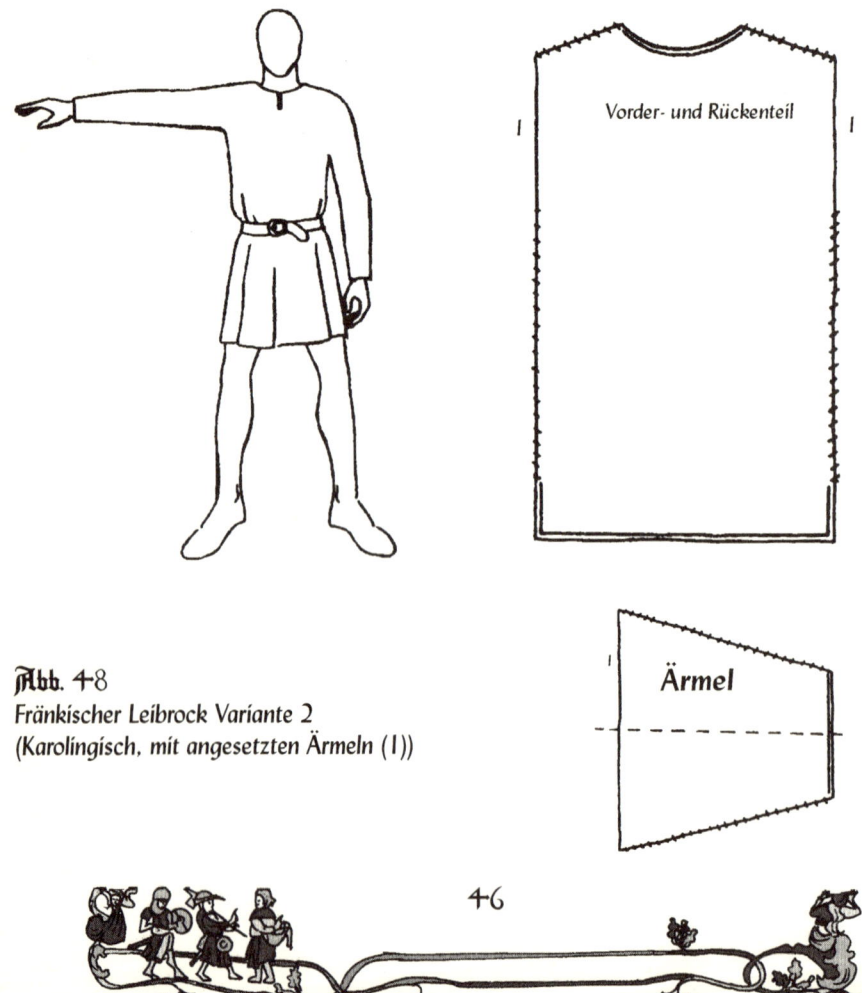

Vorder- und Rückenteil

Ärmel

Abb. 48
Fränkischer Leibrock Variante 2
(Karolingisch, mit angesetzten Ärmeln (1))

# Hose

Obwohl dieser Schnitt (Abb. 49) keinen Anspruch auf Authentizität erheben kann, bildet er dennoch eine sinnvolle Ergänzung zum fränkischen Leibrock.

Die Hose besteht aus zwei Teilen, die jeweils ein Hosenbein bilden. Beim Zuschneiden ist darauf zu achten, dass die Schnittkante C dem halben Hüftumfang entspricht, da diese Schnittkante der beiden Hosenbeine die Bundweite der späteren Hose ergibt.

Hat man die beiden Hosenbeine fertig, vernäht man die mit Buchstaben bezeichneten Schnittkanten des einen Hosenbeines mit den gleich bezeichneten Schnittkanten des anderen.

Da diese Hose nicht eng auf der Haut sitzen muss wie spätmittelalterliche Strumpfhosen, ist es ratsam bei der Berechnung der Schritthöhe gleich die Stoffmenge einzuplanen, die man für einen Tunnelzug braucht oder um sie mit Gürtelschlaufen zu versehen.

Der Standardschnitt kann nach Belieben verlängert, verkürzt, mit Füßlingen versehen oder ganz eng zugeschnitten werden und so fast alle einfacheren Hosentypen des Mittelalters imitieren, wenn man auf unbedingte historische Richtigkeit verzichten kann.

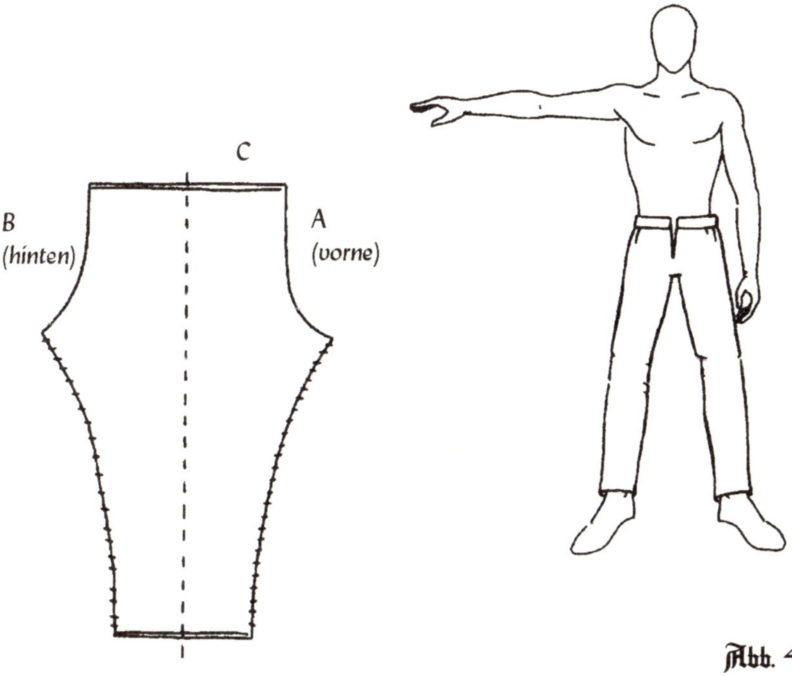

C

B
(hinten)

A
(vorne)

Abb. 49.1

47

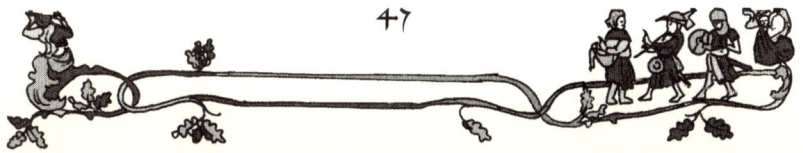

Abb. 49.2

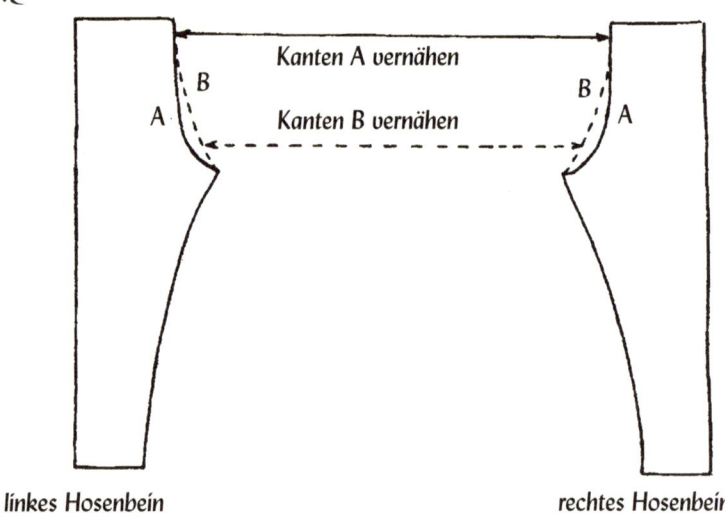

Kanten A vernähen

Kanten B vernähen

linkes Hosenbein                    rechtes Hosenbein

# Die Männerkleidung des 10. und 11. Jahrhunderts

## Gewandformen

Die nächste Epoche, deren Männerkleidung hier betrachtet werden soll, wurde gekennzeichnet durch den Zerfall des Reiches Karls des Großen, aus dem letztlich Frankreich und Deutschland hervorgingen und den Eroberungszügen der Normannen in Frankreich, England und Süditalien. Die sächsischen Kaiser, die Ottonen, benannt nach Otto I. dem Großen (936-973), herrschten zu dieser Zeit, gefolgt vom fränkischen Kaisergeschlecht der Salier, über das Heilige Römische Reich deutscher Nation als „Imperator Romanorum Augustus".

Die weltliche Macht war stark an die Kirche gebunden und der Kaiser hatte keine feste Residenz, sondern reiste das Jahr über von Pfalz zu Pfalz. So stellten die Klöster einen konstanten, auch juristisch und regierungstechnisch wichtigen Faktor dar, dessen Einfluss sich natürlich auch auf die weltliche Kleidung auswirkte. Die Kleider der Laien übernahm immer mehr Züge der priesterlichen Tracht und wurden wie diese, wenn auch nur zu einem sehr geringen Teil, in den Klöstern hergestellt. Die Heimarbeit der Frauen sorgte, wie in den vorangegangenen Jahrhunderten immer noch für den alltäglichen Bedarf an Kleidung. Aber nicht nur die priesterliche Kleidung gewann an Einfluss, auch die byzantinische Tracht wurde mehr und mehr zum Vorbild.

Durch die Heirat Ottos II. (973-983) mit Theophanu, der Nichte des oströmischen

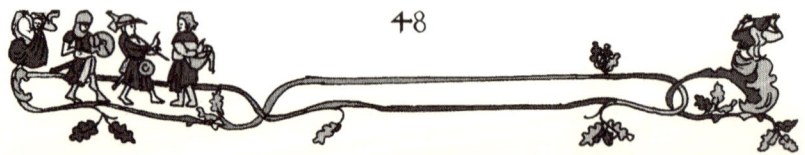

Kaisers Johannes I. Tzimiskes (969-976), lernte der Adel die prachtvolle, feierliche Kleidung von Byzanz kennen und schätzen, obwohl bereits Karl der Kahle (843-937) von seinen Italienreisen Kleidung aus Konstantinopel mitgebracht hatte. Der byzantinische Einfluss blieb jedoch auf die oberen Gesellschaftsschichten beschränkt. Das einfache Volk trug auch weiterhin die bereits beschriebene fränkische Tracht.

Zunächst veränderte man den Schnitt des althergebrachten fränkischen Rockes. Er wurde weiter und näherte sich so mehr dem Priesterrock oder der oströmischen Tunika an. Im Laufe der Zeit rutschte der Saum immer mehr nach unten und es entstand die sogenannte Kotta, die von beiden Geschlechtern getragen wurde. Unter dieser trug man eine lange Untertunika, die oft unter der Kotta herausschaute. Als Folge dieser Entwicklung änderte sich die gesamte Männerkleidung in ungewöhnlicher Weise. Wegen der zunehmenden

**Abb. 50**
Normannische Kleidung

Länge des Obergewandes verzichtete man mehr und mehr auf die lange fränkische Hose und begnügte sich mit Beinlingen und einer kurzen Unterhose, der Bruche. Die Beinlinge waren so eng, dass nun auch die traditionellen Beinbinden, mit denen die Unterschenkel umwickelt wurden, wegfielen. Nur die Schuhe ähnelten noch den Schlupfschuhen, die bereits im fränkischen Reich getragen wurden. Das Haar wurde jetzt kurz gestutzt und nur die älteren Männer trugen einen Bart.

Obwohl hauptsächlich einheimische Tuche verarbeitet wurden, importierte man doch in zunehmendem Maße auf dem Weg über Genua und Venedig kostbare Stoffe aus dem Orient. So gelangten Seide und Brokate, die in Europa zwar bereits in der Antike bekannt waren, aber im Mittelalter erst nach und nach wieder Verbreitung fanden, nach Westeuropa. Aufgrund ihres hohen Preises fanden diese Kostbarkeiten aber hauptsächlich als Besatzstoffe Verwendung. Die Kleidung verzierte man mit breiten Schmuckborten, die jetzt nicht mehr nur die Säume verzierten, sondern auch Oberarme, Schenkel und Taille umschlossen. Pelze wurden kaum mehr in Form ganzer Kleidungsstücke getragen, sondern nur noch als Futter oder Verbrämung genutzt.

Die Reichen legten besonderen Wert auf leuchtende Farben. Vor allem Purpur und Rot waren besonders beliebt, aber auch Blau und Grün wurden allgemein sehr geschätzt.

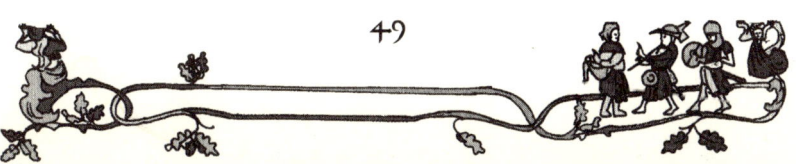

49

Nur die Farbe Gelb spielte keine große Rolle, da sie gesellschaftlichen Randgruppen wie Juden und Vaganten vorbehalten war.

## Gewandschnitte des 10. und 11. Jahrhunderts

### Männerrock um 1000

Dieses sehr universell einsetzbare Kleidungsstück wird nach demselben Prinzip vernäht wie der fränkische Leibrock (Variante 2) aus dem vorhergehenden Kapitel. Falls man jedoch ein ausreichend großes Stoffstück zur Hand hat und sich ein wenig Näharbeit sparen möchte, kann man Vorder- und Rückenteil ebenso gut aus einem Stück zuschneiden und entlang der Schulter umklappen. Der untere Saum sollte im ungegürteten Zustand bis über die Knie reichen.

Man muss beim Zuschneiden daran denken, dass die Schultern bei diesem Kleidungsstück relativ schmal gehalten, das heißt nicht überschnitten, werden sollten. Dem muss Rechnung getragen werden, indem man die Ärmel dafür um so länger zuschneidet. Der fertige Männerrock kann ganz nach Geschmack mit Borten verziert werden.

Nach dem gleichen Schnitt kann man noch ein weiteres Übergewand herstellen, das man mit kürzeren Ärmeln versieht, sodass die des Rockes darunter herausschauen.

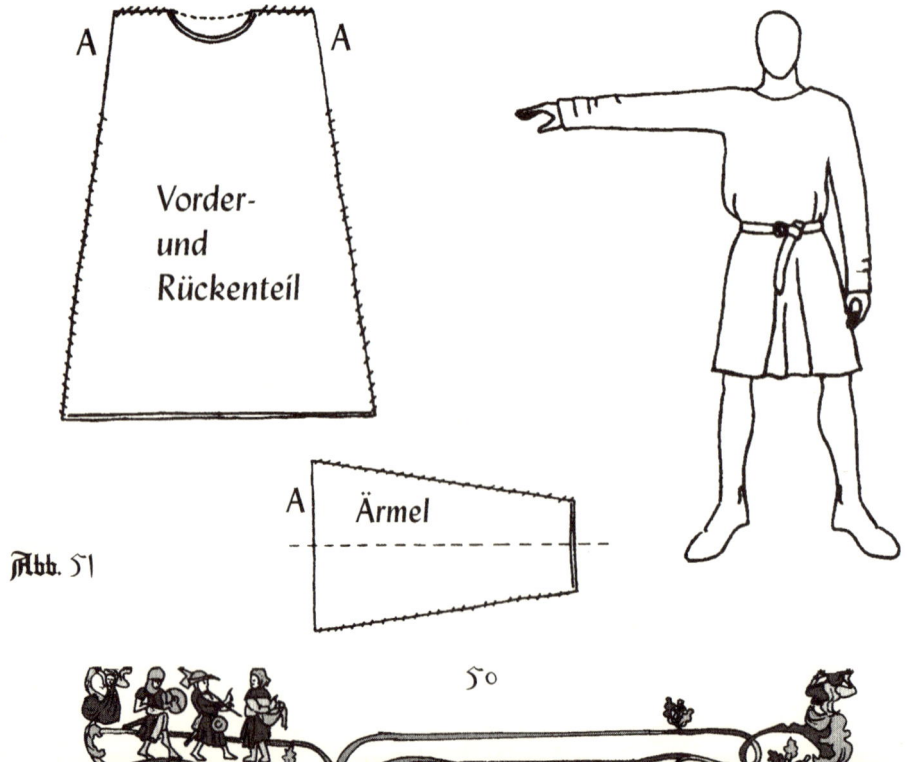

A      A

Vorder-
und
Rückenteil

A   Ärmel

Abb. 51

## Männerrock des späten 11. Jahrhunderts

Wieder wird bei diesem Schnitt (Abb. 52) wie bei dem zum fränkischen Leibrock (Variante 2) verfahren. Die Seitennähte des Körpers müssen jedoch am unteren Saum ein Stück offen gelassen werden, damit rechts und links ein Zwickel (Gere) eingesetzt werden kann (Schnittkanten A). Der Ärmel muss entlang der in der Zeichnung gestrichelten Linie geklappt werden, doch auch hier muss ein Stück der Naht zur Schulter hin offen bleiben, da auch der Ärmel einen Zwickel bekommt (Schnittkanten C). Die Gesamtlänge der Schnittkanten B und B' muss der Länge des Ärmelloches entsprechen.

Auf den ersten Blick mag sich dieses Kleidungsstück gar nicht so sehr vom vorigen unterscheiden. Schneidet man es aber sorgfältig zu, umschließt es den Oberkörper recht eng und erweitert sich unterhalb der Gürtellinie sehr dekorativ. Wegen der Einsätze in den Achselhöhlen bleibt aber trotzdem eine angenehme Bewegungsfreiheit gewährleistet.

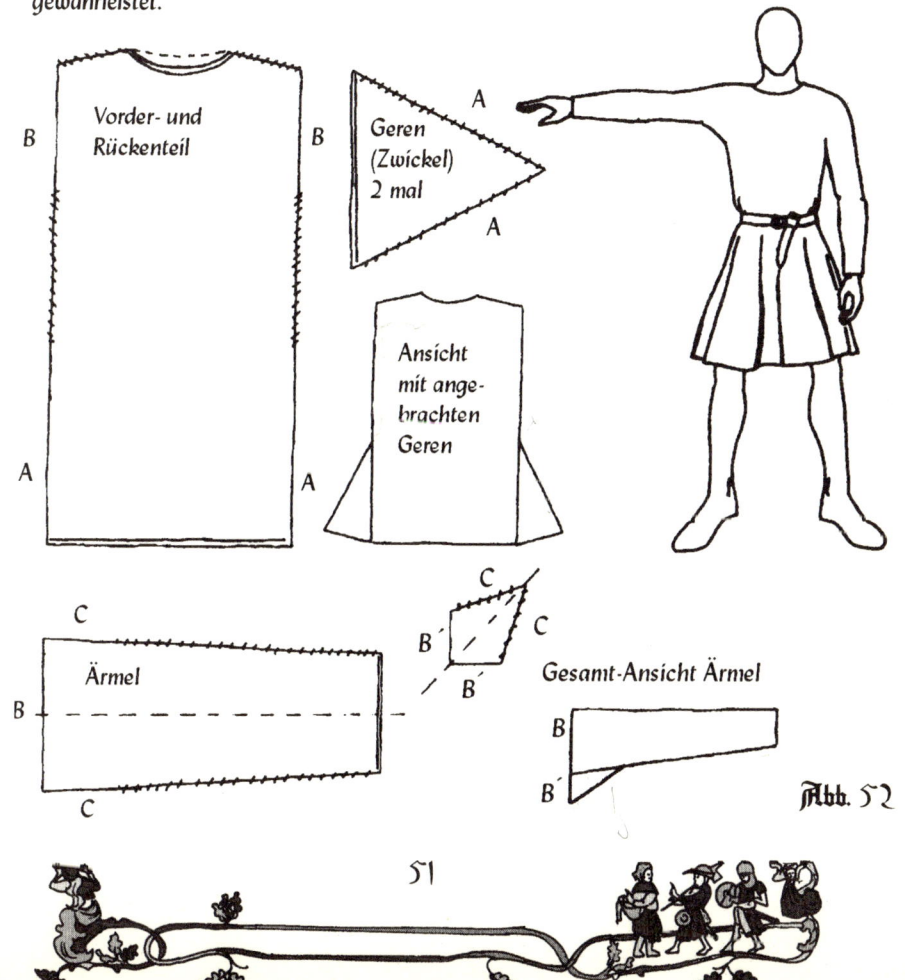

Abb. 52

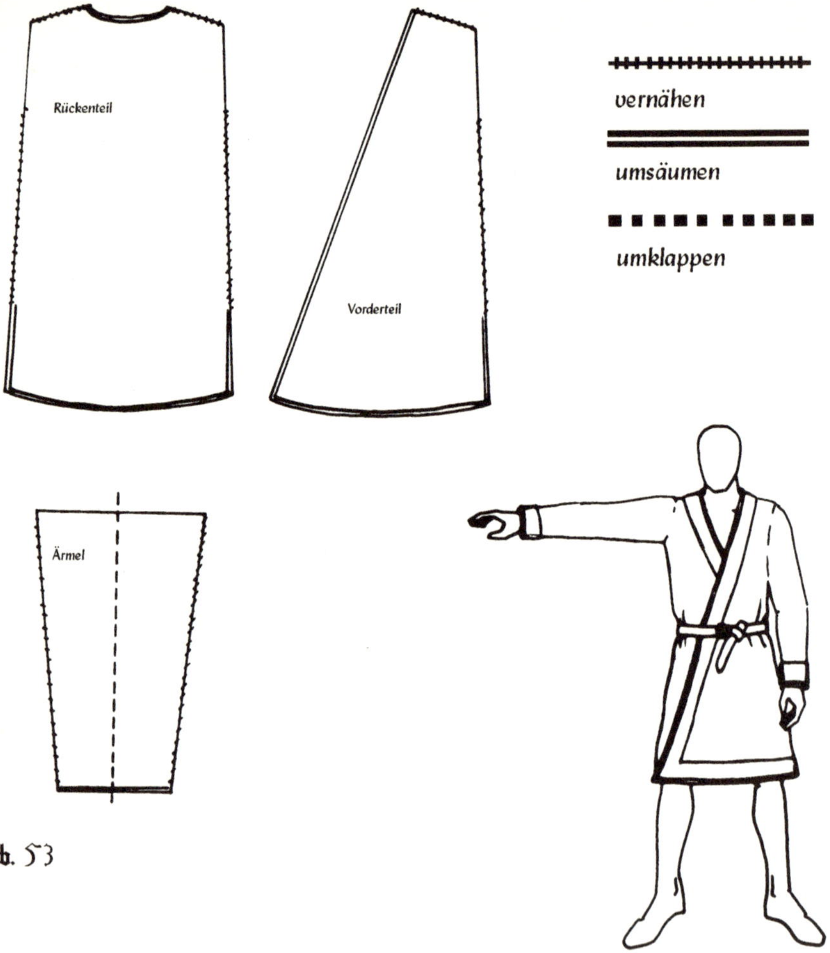

Rückenteil

Vorderteil

Ärmel

+++++++++++++++++++
**vernähen**

══════════════════
**umsäumen**

■ ■ ■ ■ ■ ■ ■ ■ ■
**umklappen**

**Abb. 53**

## Klappenrock

Kleidungsstücke dieser Art waren im merowingischen und fränkischen Reich verbreitet und beliebt, aber im 10. und 11. Jahrhundert in Mitteleuropa eigentlich schon längst aus der Mode. Nur in Nordeuropa, in Skandinavien, hielt man weiterhin an diesem praktischen Kleidungsstück fest. Ursprünglich stammt der Klappenrock aus dem asiatischen Raum und war ein unverzichtbarer Bestandteil der Tracht der reiternomadischen Stämme. Auch heute noch sind vergleichbare Kleidungsstücke in den Nationaltrachten asiatischer und zentralasiatischer Völker zu finden.

Der Ärmelschnitt und das Rückenteil des Klappenrockes gleichen dem des Männerrocks

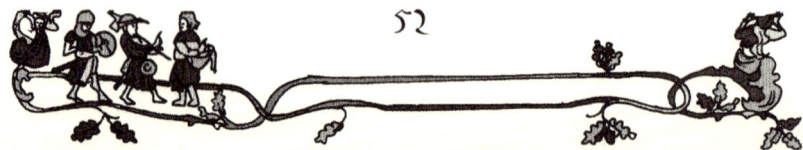

um 1000. Nur das Vorderteil wird aus zwei einzelnen Stoffteilen zugeschnitten, deren obere Breite der Länge der Schulternaht entspricht und deren untere Breite der Gesamtbreite des Rückenteiles. Damit der Klappenrock bequemer getragen werden kann oder beim Reiten besser über den Sattel fällt, kann man noch einen Rückenschlitz anbringen oder einfach die Seitennähte ein Stück unvernäht lassen. Um ihn zu schließen, legt man nur einen Gürtel oder ein Schwertgehenk um die Körpermitte. Knöpfe oder Ösen sind unnötig.

Beim Zuschnitt der Einzelteile muss man bedenken, dass der Klappenrock zur Überbekleidung gehört und deshalb so weit sein muss, dass Hemd und Kittel bequem darunter passen (Abb.53).

Klassischerweise kann der Klappenrock mit breiten, farblich abgestimmten Stoffstreifen entlang der Ränder verziert werden. Will man dieses Kleidungsstück noch prächtiger gestalten, kann man statt der Stoffstreifen auch Pelz verwenden.

## Pumphose

Im Gegensatz zum Klappenrock wurde diese ursprünglich aus Asien stammende Hosenart in Mitteleuropa nie getragen, sondern ausschließlich in Nordeuropa. Dort finden sich diese aufwändigen Beinkleider vor allem bei Kriegern und Angehörigen der Oberschicht.

Jedes Hosenbein besteht aus einer sehr breiten Stoffbahn (Eine Breite von einem Meter ist nicht zu viel!), die der Beinlänge entspricht und an ihrem oberen Ende quasi in zwei Dreiecke ausläuft, und einem quadratischen Schritteinsatz. Vervollständigt wird der Schnitt durch drei Stoffstreifen, die den Tunnelzug für die Hüfte und den unteren Saum der Fußöffnungen bilden.

Zunächst klappt man die Teile für das Hosenbein aufeinander und vernäht sie auf halber Länge zu einer Röhre. Danach verbindet man die beiden Hosenbeine an den Kanten A. Die Kanten B bilden nun den Hüftumfang. In den jetzt noch offenen Schritt wird das quadratische Stoffstück eingesetzt.

Auf diese Weise erhält man eine extrem weite Hose, die aber noch recht formlos ist. An den Bund näht man nun den vorbereiteten Stofftstreifen an, der einen Tunnel bilden muss, durch den man später eine Kordel zieht. (Im Grunde genommen verfährt man hier ähnlich wie bei einer modernen Trainingshose) Mit dieser Kordel wird die Hose um die Hüften zusammengezogen. An den Fußöffnungen legt man den Stoff der Hose so lange in Falten, bis man die gewünschte Weite erhält. Danach fixiert man die Falten mit einer Naht und näht die beiden vorbereiteten Stoffstreifen als Abschluss an. Da bei der Stoffmenge, die man für diese Hose benötigt, eine Vielzahl von Falten entsteht, sollte man keinen zu dicken Stoff wählen, der sehr aufträgt.

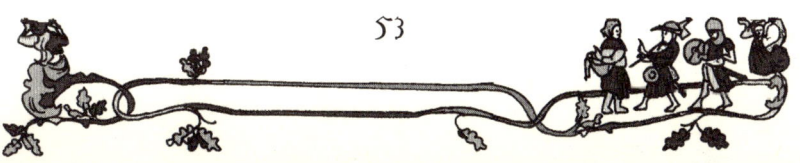

53

Auf bildlichen Darstellungen sieht man, dass diese Hose an den Unterschenkeln recht eng sitzen muss. Diesen Effekt erreicht man, in dem man sie in bis zu den Knien reichende Beinlinge steckt oder die Unterschenkel eng mit Beinbinden umwickelt.

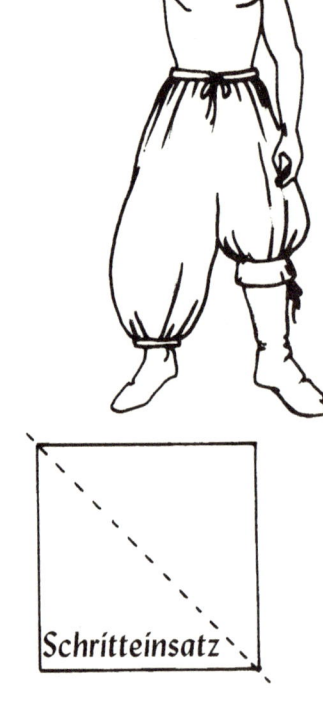

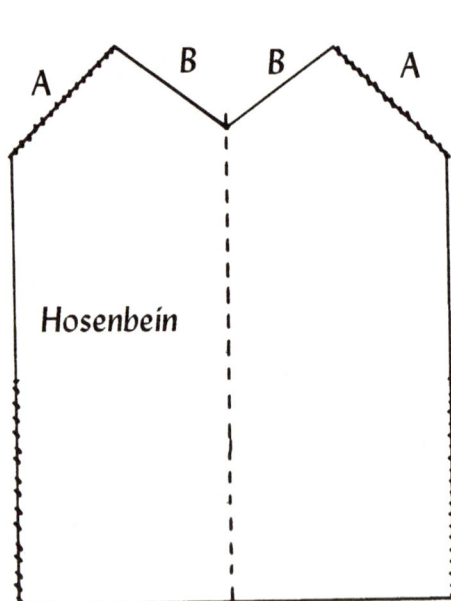

A    B    B    A

Hosenbein

Schritteinsatz

Gesamtansicht: Einzelteile

**Saum der Beinöffnung**

**Tunnelzug**

Gesamtansicht: vernäht

Abb. 54

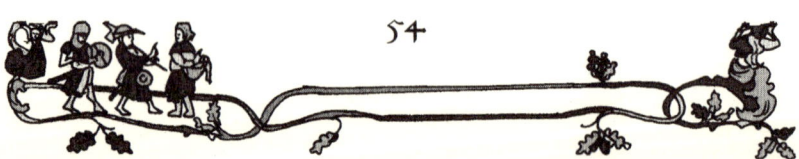

## Beinlinge

Beinlinge sind ungemein praktische Kleidungsstücke, die in vielen Varianten und Ausführungen hergestellt und getragen werden können. Man kann sie als „Hosenersatz" zur Bruche tragen oder als Kälteschutz wie einen Strumpf über eine andere Hose ziehen. Ob sie dabei am Leibriemen festgeschnürt oder bis zum Knie heruntergerollt werden, bleibt dem persönlichen Geschmack überlassen.

Die einfachste Form des Beinlings besteht aus einer langen, nach unten schmaler zulaufenden Stoffröhre, die mit einer einzigen Naht verschlossen wird. Am unteren Ende schneidet man einen Schlitz gegenüber der Naht in den Stoff, durch den man den Vorderfuß steckt. An diese sehr einfache Form kann man noch einen Füßling ansetzen, der nach dem Vorbild der Thorsberg-Hose aus dem Kapitel über die germanische Männerkleidung genäht werden kann.

Am oberen Ende der Beinlinge näht man nun noch einen Stoffstreifen an oder zieht einen Riemen durch zwei Ösen, damit sie am Leibriemen befestigt werden können.

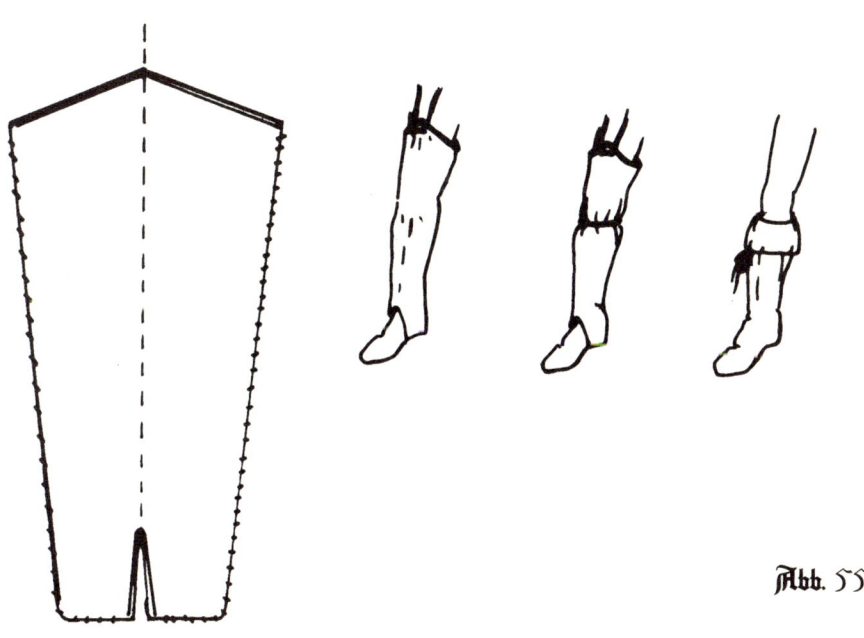

Abb. 55

## Gewandformen des Hohen Mittelalters

Das Ende des 11. Jahrhunderts sah die cluniazensische Reformbewegung und den Investiturstreit, der damit endete, dass der mit dem Bann belegte deutsche König Heinrich IV. 1077 den Gang zum Papst nach Canossa antrat, um Abbitte zu leisten.

1095, in Clermont, forderte Papst Urban II. mit dem Ruf „Deus lo volt" die europäischen Fürsten zum Kreuzzug auf. Im folgenden Jahr begann der erste von sieben Kreuzzügen unter Führung Roberts von der Normandie, Gottfrieds von Bouillon, Balduins von Flandern, Raimunds von Toulouse und schließlich Boemunds von Tarent. Das Rittertum wie wir es heute kennen wurde geboren und erlebte im 12. und 13. Jahrhundert seine Blütezeit. Die Ritter waren aber nicht nur auf den Kreuzzügen und den Schlachtfeldern tonangebend, sondern auch in Sachen Mode.

Die Kreuzzüge hatten eine breite Schicht niederen Ritteradels erzeugt, der aus den ursprünglich unfreien Ministerialen hervorgegangen war. Diese Ritter, die

**Abb. 56**

auf den Kreuzzügen die Lebensart des Orients kennen gelernt hatten, brachten die morgenländische Kultur mit heim nach Europa und vermischten sie mit der abendländischen. So entstand in dem Streben der Ritter, ihrer gesellschaftlichen Stellung Ausdruck zu verleihen, die Männermode des Hohen Mittelalters.

In Frankreich nahm die Bedeutung der Hauptstadt Paris als Adelszentrum immer mehr zu und sie wurde als Kulturzentrum in der west- und mitteleuropäischen Mode führend. Ähnlich wie Paris, wenn auch nicht als Zentren eines bereits quasi zentralistischen Staates, erlebten auch die anderen europäischen Städte eine Zeit des Aufschwunges. Diese Entwicklung und die ebenfalls in dieser Zeit erfolgenden Universitätsgründungen machten das Bildungsmonopol der Kirche zunichte. Auch die bereits erwähnte Kleiderherstellung in den Klöstern wurde mehr und mehr in die Hände von Laienhandwerkern gelegt. Das Schneiderhandwerk begann sich zu entwickeln und bereits im 13. Jahrhundert war die Schneiderzunft in Mantel-, Gewand- und Flickschuster unterteilt.

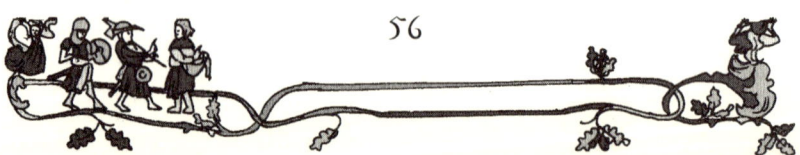

Die Verweltlichung der Gesellschaft brachte auch eine Verweltlichung der Kunst mit sich. Im Mittelpunkt der weltlichen Kunst stand die Frau oder besser gesagt die adelige Herrin, der sich der Ritter im Minnedienst mit Leib und Seele verschrieb. So trugen die Ritter mitunter das Hemd ihrer Dame in der Schlacht und übersandten ihr danach das zerhauene, blutbefleckte Kleidungsstück als Beweis ihrer Verehrung. Diese Frauenverehrung, die genau betrachtet ein bloßes künstlerisches Sujet blieb, brachte eine Angleichung der Männer- und Frauenmode mit sich. So verschleierte einst ein verliebter Ritter sein Gesicht und mischte sich während des Gottesdienstes unter die anwesenden Damen, um seiner Angebeteten nahe sein zu können.

Bei den Worten des Priesters „Pax domini sit vobiscum", war es damals, wie heute in manchen Teilen Europas auch noch, üblich, seinen Nachbarn zu küssen und so konnte der Ritter seinen Schleier lüften und der erstaunten Dame einen Kuss geben. Diese amüsante Geschichte, mag sie wahr oder nur erfunden sein, veranschaulicht den Grad der Angleichung der Kleidung der beiden Geschlechter.

Der Mann trug nun ein bis zu den Knöcheln reichendes Gewand, das bis zum Ende des 12. Jahrhunderts gegürtet getragen wurde. Allerdings wurde diese Mode dann zugunsten eines fließenderen, gefälligeren Faltenwurfes manchmal aufgegeben. Der Männerrock ähnelte stark dem Frauenrock, war aber weniger faltenreich und am unteren Saum vorn, hinten oder seitlich geschlitzt, um beim Reiten nicht hinderlich zu sein. Darüber trug man ein Obergewand, die sogenannte Suckeniê, die der Surcot ähnelte, welche aber an Hals und Ärmeln weiter ausgeschnitten war und wohl eher in den Kleiderschrank der Dame gehörte.

Lange aus Tuch hergestellte, strumpfartige Beinlinge hatten sich allgemein durchgesetzt. Sie wurden jetzt mit Ledersohlen versehen, sodass manchmal ganz auf Schuhe verzichtet werden konnte. Auf Reisen und zum Reiten trug man aber immer weiche Lederstiefel oder -schuhe. Als Mantel hatte das Sagum ausgedient und der Tasselmantel trat an seine Stelle. Bei diesem Mantel handelte es sich um ein in etwa halbkreisförmiges Stück schweren Wolltuches, das, über die Schultern gelegt, mit Schnüren vor der Brust geschlossen wurde. Die Schnüre waren an zwei Spangen, den Tasseln, befestigt. Eine Alternative dazu war der Nuschenmantel, der etwas schmaler geschnitten war und durch eine Spange, die sogenannte Nusche, geschlossen wurde.

In Anlehnung an die Frauenmode ging der Mann des Hohen Mittelalters bartlos mit langen, bis auf die Schulter reichenden Haaren, die sorgfältig gepflegt und manchmal zusätzlich in Locken gelegt wurden. Wie schon bei den Franken des Merowingerreiches wurden lange Haare zum Zeichen des Mannes von Stand, die ihn vom kurz geschorenen Bauern abhoben.

Auf dem Kopf trug man die eng anliegende Bundhaube und das Schapel, einen Reif

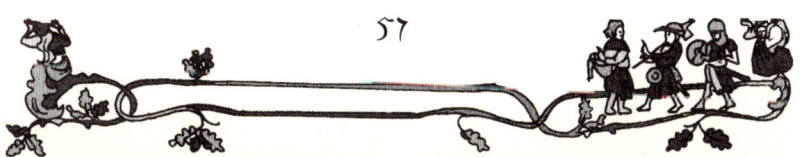

aus Stoff oder Metall. *Zusätzlich stülpte man manchmal einen Hut, z.B. den spitzen Jagdhut, über die Bundhaube. Als Accessoires gehörten eine Almosentasche und, unverzichtbar für den adeligen Herrn, Handschuhe zur typischen Tracht. Welche Bedeutung dem Handschuh zukommen konnte, illustriert anschaulich dieser Ausschnitt aus dem Sachsenspiegel von 1220:*

*„Kein Ort dürfe einen Markt errichten, es sei denn, der König sende seinen rechten Handschuh als Zeichen des Rechtsbannes und seines besonderen Schutzes."*

*Die Kleidung wurde natürlich hauptsächlich aus Wollstoffen, dem sogenannten Scharlach, hergestellt. Der Ausdruck Scharlach bezeichnete damals noch keinen Farbton, sondern ein Tuch, das durch seine gute Qualität den im Hohen Mittelalter angestrebten, dekorativen Faltenwurf der Kleidung ermöglichte.*

*Man versah die einzelnen, meist einfarbigen Kleidungsstücke mit kontrastierenden Futterstoffen, was ein recht farbenprächtiges Gesamtbild ergab. Es gab natürlich auch gemusterte oder gar seidene Kleider, aber aufgrund der außerordentlich hohen Preise blieben diese nur wenigen Begüterten vorbehalten. Das Leinen verschwand dafür fast völlig aus der Oberbekleidung und fand nur noch, robust und grob gewebt, in einfachen Bauernkitteln Verwendung.*

*Im Hohen Mittelalter tauchten erstmalig seit Karl dem Großen wieder Kleiderordnungen und -vorschriften auf, die unter anderem Phillip II. von Frankreich herausgab. Aber auch ein Papst, Gregor X., versuchte, 1274 der Prunkliebe seiner Schäfchen Herr zu werden und hatte vermutlich nicht mehr Erfolg damit, als andere, die sich darin versuchten.*

## Gewandschnitte des 12. und 13. Jahrhunderts

### Hochmittelalterlicher Männerrock – Kotta

Abgesehen von der Länge des fertigen Kleidungsstückes, die beim Zuschnitt unbedingt einzuberechnen ist, kann man bei der Kotta genau wie beim schon vorgestellten Männerrock des späten 11. Jahrhunderts vorgehen. Um der Kotta (Abb. 57) jedoch eine bequeme Weite und dem Träger ausreichende Bewegungsfreiheit zu verschaffen, werden die Seitennähte auch hier nicht ganz vernäht. Darüber hinaus wird in Vorder- und Rückenteil noch ein Stoffkeil eingearbeitet, der für die gewünschte Weite sorgt (s. Schnittkanten A). Der Stoffkeil kann ebenfalls in die Seitennähte eingesetzt werden, falls man die Kotta lieber mit einem Reitschlitz vorn und hinten ausstatten möchte. Die Kotta muss so lang sein, dass sie mindestens bis zur Mitte der Waden oder sogar bis zu den Knöcheln reicht. Beim Schneidern sollte man auf die Verwendung von hochwertigem Wollstoff achten, da nur ein solcher einen schönen Faltenwurf

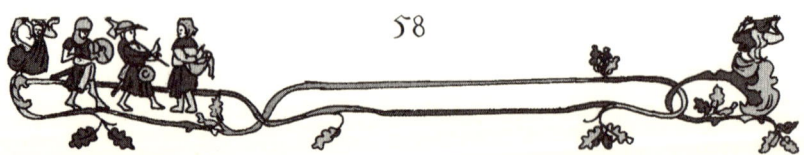

gewährleistet. Überhaupt steckt der Teufel (oder der Liebe Gott) hier im Detail. Ein farblich gut abgestimmtes Innenfutter und vielleicht eine Knopfleiste an Hals, Ärmel oder Reitschlitz sorgen erst für den richtigen „Look".

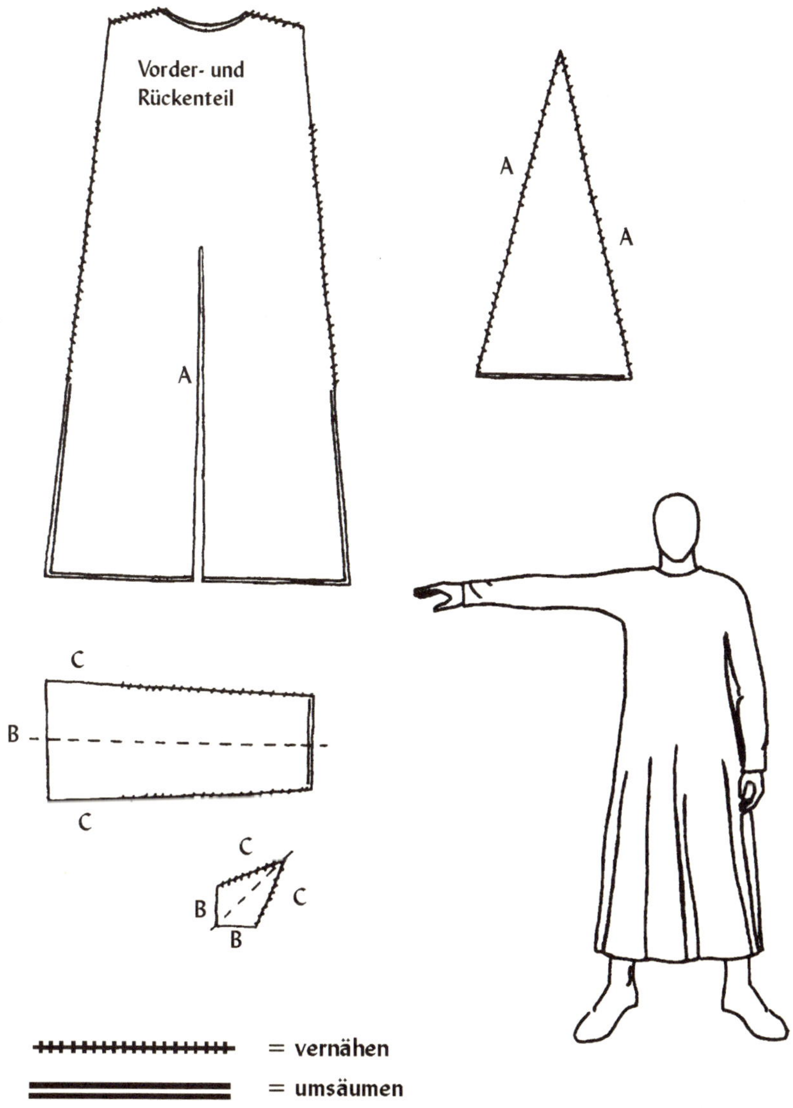

Vorder- und
Rückenteil

A

A

A

C

B -

C

C

B          C

B

++++++++++++++ = vernähen

━━━━━━━━━ = umsäumen

Abb. 57

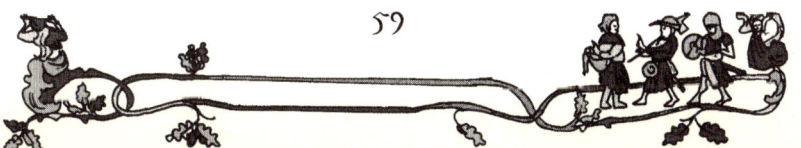

## Hochmittelalterlicher Mantel

*Dieser Mantel besteht aus einem halbkreisförmigen Stück Wollstoff. Schweres, festes Tuch oder sogar Loden sind hier am Besten geeignet, wenn der Mantel nicht nur wärmen, sondern auch ausreichenden Wetterschutz bieten soll. Ist er aber nur als schmückendes Beiwerk gedacht, kann man bei der Dicke des Tuches natürlich Abstriche machen und sich mehr auf Farbe und Fall des Stoffes konzentrieren.*

*Der Radius des Stoffhalbkreises sollte mindestens vom Halsansatz bis zur Wadenmitte reichen, damit der Mantel den Körper des Träger großzügig bedeckt. Hat man genügend Stoff zur Verfügung kann man aus dem Halbkreis natürlich auch einen Dreiviertelkreis machen. Je größer die Stoffmenge ist, aus der der Mantel genäht wird, desto besser kann man sich darin einwickeln, sich wärmen oder ihn auch nur dekorativ um die Schultern oder über den Arm drapieren.*

*Am Halsausschnitt kann man zwei oder mehr Abnäher einfügen, damit der Mantel sich der Schulter anpasst und darauf ruhen kann und nicht die Verschlüsse allein das ganze Gewicht halten müssen.*

*Je nach Verschlussart wird dieser Mantel, wie bereits erwähnt, verschieden benannt. Bringt man am Halsausschnitt zwei Spangen an und befestigt an diesen wiederum zwei Verschlussschnüre, nennt man ihn Tasselmantel. Wird er direkt mit einer Spange geschlossen, heißt er dagegen Nuschenmantel.*

A

A

Abb. 58

## Garnache

Der sehr stoffreiche und damit teure Radmantel war meist ein Kleidungsstück des Adels oder zumindest der Reichen. Durch seine voluminöse Form war er zwar sehr faltenreich und kleidsam, erwies sich unter manchen Umständen aber gerade deshalb als eher hinderlich.

Darum wurde gegen Ende des 13. Jahrhunderts ein anderes Kleidungsstück, die Garnache, immer beliebter. Ursprünglich stammt sie aus einem eher bäuerlichen bzw. soldatischen Umfeld, aber auch der Adel übernahm bald diesen praktischen Wetterschutz. Der einfache Mann trug die Garnache nur wadenlang, beim Adel reichte der untere Saum dagegen bis fast zum Boden. Konnte man es sich leisten, fütterte man sie komplett mit Pelz, um die Kälte abzuhalten.

Die Garnache besteht aus zwei gleichen Teilen, die an den Seiten miteinander vernäht werden. Die

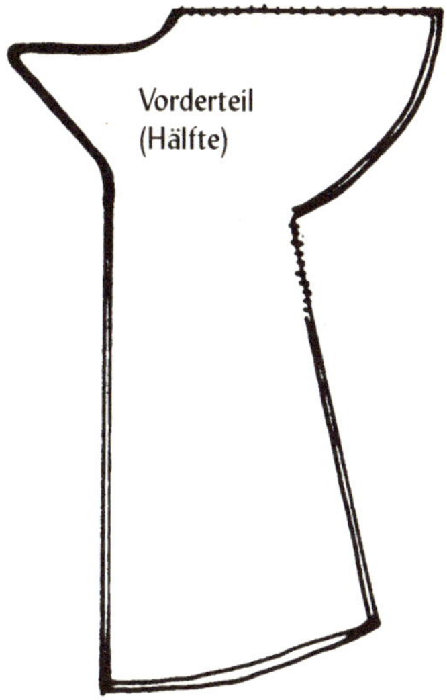

Vorderteil
(Hälfte)

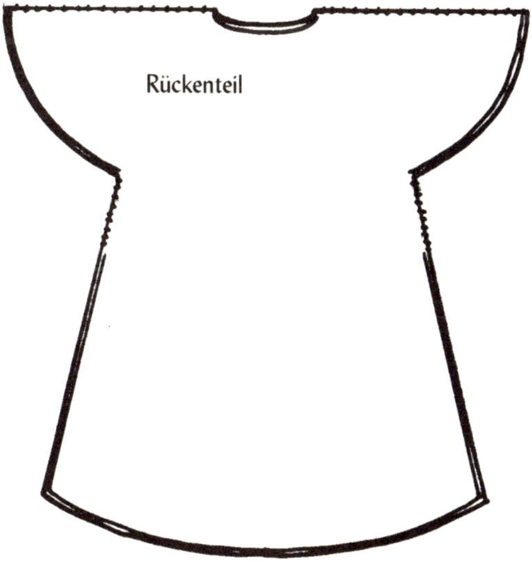

Rückenteil

Abb. 59

61

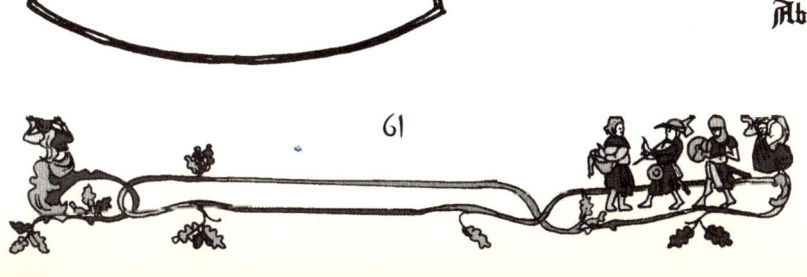

beiden „Ärmel" sind sehr weit und fallen wie eine Pellerine um die Schultern. Das Vorderteil kann aus einem Stück geschnitten werden, aber genauso gut aus zwei Stoffstücken, wobei es dann am Hals mit einer dreieckigen Klappe geschlossen wird. Will man ein wirklich allwettertaugliches Kleidungsstück haben, sollte man in den Halsausschnitt der Garnache noch eine Kapuze einsetzen, die man aus zwei Teilen zusammennäht. Dazu kann der Schnitt der Gugel aus dem folgenden Kapitel als Vorbild dienen. Allerdings sollte man dann auf den langen Schweif dieses spätmittelalterlichen Kleidungsstückes verzichten.

## Die Männerkleidung des 14. Jahrhunderts

### Gewandformen des 14. Jahrhunderts

**Abb. 60**
Männerkleidung um 1370

Erlebte das 13. Jahrhundert die Blüte des Rittertums, so erlebte das 14. seinen Niedergang. 1291 schlossen sich einige schweizerische Kantone zur Eidgenossenschaft zusammen und bescherten den Ritterheeren des Kaisers im folgenden Jahrhundert bei Morgarten (1315), Sempach (1386) und Näfels (1388) vernichtende Niederlagen. Diese Niederlagen eines klassischen, hoch gerüsteten Ritterheeres resultierten aus der militärischen Überlegenheit einer mit Stangenwaffen ausgerüsteten, straff organisierten Infanterie über die durch den ritterlichen Ehrenkodex geprägte schwere Kavallerie. Diese Zeichen der Zeit erkannten nach und nach auch die damaligen Potentaten und richteten sich Heere nach dem Vorbild der Schweizer Fußsoldaten ein.

Durch den zwischen England und Frankreich herrschenden Hundertjährigen Krieg und die Städtekonflikte in Norditalien begünstigt, begannen sich Kompanien von Söldnern zu formieren, die ihre Kampfkraft dem Meistbietenden zur Verfügung stellten. Den adeligen Berufskriegern, den Rittern, erwuchs so eine Konkurrenz, der sie sich

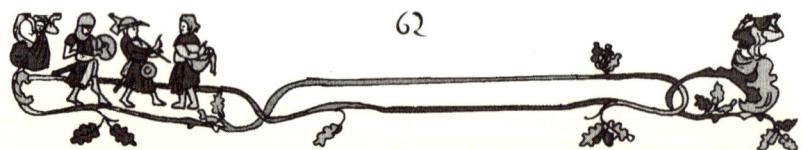

62

anpassen mussten, was ihren Niedergang letztlich nur noch beschleunigte.

Aber nicht nur die Ritterschaft büßte ihre glanzvolle Stellung ein, auch der Papst wurde in seiner Position empfindlich geschwächt. Im Jahre 1305 bestieg Clemens V. (1305-1314) den Stuhl Petri. In sein Pontifikat fällt die Verlegung der Papstresidenz von Rom nach Avignon in den Machtbereich des französischen Königs, Philipp IV. der Schöne. Auf diese Weise verlor das Papsttum nicht nur seine geographische Unabhängigkeit.

Neben den politischen und religiösen Umwälzungen erschütterte noch ein anderes Ereignis die Welt des 14. Jahrhunderts, die Pest, der Schwarze Tod. Sie war seit den Kreuzzügen langsam nach Westen vorgedrungen und wütete zwischen 1347 und 1351 in ganz Europa. Diese ungeheure Epidemie forderte ca. 25 Millionen Opfer und hinterließ einen bleibenden Eindruck in den Köpfen der Überlebenden. Das Ende der Epidemie markiert einen tiefen Einschnitt im Denken und Fühlen der Zeit, den auch die Chronisten sehr genau spürten. Ein Eintrag in der Limburger Chronik aus dem Jahr 1350 bemerkt:

„Item darnach oder ein jar, da det sterben, dise geiselfart, romerfart und judenslacht, als vur geschreben stat, ein ende hatte, da hup die werlt wieder an zu leben und frohlich zu sin."

Dieses Wiedererwachen der Lebensfreude äußerte sich auch in der Mode. Das Prunkbedürfnis der Überlebenden kannte keine Grenzen. Matteo Villani, ein Chronist aus Florenz, schrieb dazu:

„Und das ganze Volk, Männer und Weiber, wollten infolge des großen Überflusses an allen Dingen ihr gewohntes Handwerk nicht weitertreiben, wollten sich an den teuersten und leckersten Speisen nähren, verheirateten sich nach ihrem Gutdünken und die Mägde und käuflichen Frauenzimmer kleideten sich samt und sonders in die schönen und kostbaren Gewänder der verstorbenen Damen."

Die Männerkleidung änderte sich, von Paris ausgehend, nach der großen Pestepidemie auf radikale Weise. Aber die Hauptstadt Frankreichs stand nun nicht mehr unangefochten an erster Stelle der modischen Rangliste. Im Jahr 1363 verschaffte Philipp der Kühne seinem Herzogtum Burgund auch in Sachen Mode Weltgeltung. Das kleine Reich blieb bis zum Tod seines Nachfahren Karl der Kühne nördlich der Alpen tonangebend in Modedingen.

Vom Beginn des Jahrhunderts an verkürzte man die Kotta wieder, bis sie in der zweiten Hälfte des 14. Jahrhunderts eine völlig andere Form als die ursprüngliche angenommen hatte. Das so entstandene Kleidungsstück, die Schecke, reichte knapp bis zum Gesäß. Der Zeitgeschmack verlangte, dass die Schecke dem Körper so eng anlag, dass sie nicht mehr wie die Kotta über den Kopf gezogen werden konnte,

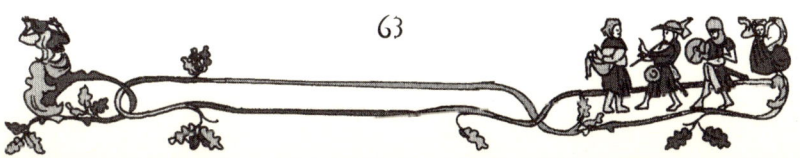

sondern wie eine Jacke auf der Brust ganz geöffnet werden musste. Sie wurde vorn mit einer Unzahl von Knöpfen geschlossen und mit Hilfe von Schnürungen der Figur des Trägers genau angepasst. Dem Schönheitsideal der Zeit folgend, musste die Taille sehr schmal und der Brustkorb stark gerundet sein, was durch Auspolsterungen des Kleidungsstücks mit Baumwolle an den richtigen Stellen erreicht wurde. Die Kürze der Schecke erregte bei der älteren Generation aber immer wieder Anstoß und gab Anlass zur Kritik. So schreibt ein Mainzer Chronist, „dass die jüngeren Männer so kurze Röcke trugen, dass sie weder die Schamteile noch den Hintern bedeckten. Musste sich jemand bücken, so sah man ihm in den Hintern, o welch unglaubliche Schande."

Ein wichtiges Accessoire, das zur Schecke getragen wurde und ein unentbehrliches Standesattribut für den Ritter darstellte, war der Dupsing, ein tief auf der Hüfte sitzender, reich verzierter Gürtel. Unter der älteren Bevölkerung konnte sich die kurze Schecke allerdings nicht durchsetzen. Man trug zunächst, vor allem in Deutschland, weiterhin einen langen Rock in Form des Tappert (franz. tabard, it. tabaro, von mittellat. tabardum). In England, Frankreich und Burgund bevorzugte man dagegen die Houppelande.

Der Tappert war ein über den Kopf zu ziehendes, faltenreiches, ärmelloses Obergewand, das bis in die zweite Hälfte des 15. Jahrhunderts getragen wurde. In Deutschland bevorzugte man einen weiten Halsausschnitt, in England und Frankreich dagegen einen Stehkragen.

Die Houppelande, ein langes, vorn offenes mitunter auch durch Haken oder Knöpfe geschlossenes, mantelartiges Kleidungsstück hatte ebenfalls einen Stehkragen. Im Gegensatz zum Tappert wurde sie aber immer gegürtet getragen und hatte oft extravagant verzierte Ärmel. Sie hatte ihren Ursprung in der Kleidung englischer Truppen, die 1336 durch das Elsass zogen. Einige dieser Soldaten stammten wohl aus den südschottischen Uplands und in Anlehnung daran erhielt die Houppelande ihren Namen.

Als Folge der Verkürzung der Oberbekleidung wurden die Beinlinge wieder länger. Der Grundstein zur Entwicklung der Strumpfhose im nächsten Jahrhundert war gelegt. Damit die Beinlinge nicht nach unten rutschten wurden sie an der Unterbekleidung, dem Wams, befestigt. Der Name leitet sich vom altfranzösischen Wort für Baumwolle, „wambais" (von grch. pambax), ab. Das Wams wurde nämlich mit derselben ausgepolstert und erinnert so noch an die Zeit, als es als Gambeson (man vergleiche die Etymologie!) zum Schutz gegen wuchtige Hiebe unter der Rüstung getragen wurde. Bis ins 16. Jahrhundert gehörte es fast ausschließlich der Unterbekleidung an.

Die doch recht aufwändige Männermode des 14. Jahrhunderts schützte der dem Leser bereits bekannte Nuschenmantel. Recht häufig wurde auch die Heuke (von

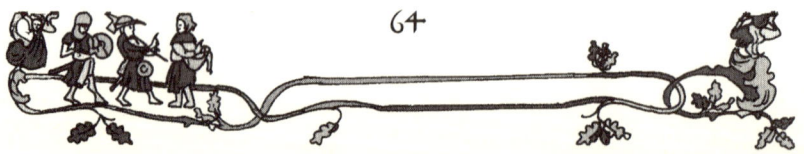

64

arab. haik) getragen, ein auf einer Schulter geknöpfter Kapuzenmantel. Sie kam im 13. Jahrhundert von Nordafrika nach Frankreich und fand rasch ihren Platz in der europäischen Kleidung.

Eine weitere Mantelform stellt die Husse dar. Sie bestand aus einem kreisrunden Stück Wolltuch, das so aufgeschnitten war, dass ein schmales Brustteil entstand und ein annähernd doppelt so breites Rückenteil. Alle diese Mantelformen können mit etwas Fantasie leicht nachgeschneidert werden, wenn man sich den hochmittelalterlichen Mantel des vorhergehenden Kapitels zum Vorbild nimmt und ein wenig experimentiert.

Ein anderer, außerordentlich weit verbreiteter Wetterschutz war die Gugel. Sie wurde von allen Bevölkerungsschichten, ob alt oder jung, getragen und kann getrost als das typischste Kleidungsstück des 14. Jahrhunderts bezeichnet werden. Der Name Gugel stammt vom keltischen Wort „kukka" (= Gipfel) ab. Allein die Tatsache, dass in praktisch allen Sprachen des Mittelalters ein Wort für die Gugel existierte, führt uns ihre Verbreitung vor Augen. Sie bestand aus einer relativ eng am Kopf anliegenden Kapuze, die mit einem Schulterkragen versehen war, der ungefähr bis zur Brust des Trägers reichte.

Auch die Schuhmode machte einen Wandel durch. Die recht einfachen Schlupfschuhe des Hohen Mittelalters nahmen fantastische Formen an. Seit 1350 trug man Schnabelschuhe mit langen ausgepolsterten Spitzen, die so lang waren, dass man sie durch Kleiderordnungen reglementierte. So durften Fürsten und Prinzen von Geblüt zweieinhalb Fuß lange Schuhspitzen haben, Angehörige des hohen Adels zwei Fuß lange, Ritter eineinhalb Fuß lange, reiche Bürger einen Fuß lange und einfache Leute mussten sich mit einer Schuhspitze von einem halben Fuß Länge begnügen.

Hielt sich die modische Extravaganz in den vergangenen Jahrhunderten noch in Grenzen, begann im 14. Jahrhundert eine Zeit der Modetorheiten. Die Verbreitung von Brokaten und Seidenstoffen nahm auch im Bürgertum immer mehr zu, aber noch immer waren gemusterte Stoffe zu teuer, um auch dort eine wirklich bedeutende Rolle zu spielen. Die Ärmel der Schecken und Houppelanden wurden am Saum kompliziert ausgeschnitten, gezaddelt, in Beutel- und Trompetenform geschneidert und schleiften fast am Boden. Nicht nur der Klerus verurteilte den Aufwand, den man mit der Mode trieb, auch weltliche Kritiker machten sich über die neuesten Spielereien lustig. Der Italiener Sarchetti schreibt gegen Ende des 14. Jahrhunderts zu diesem Thema:

„Unser Herrgott hat den Fuß frei geschaffen und viele vermögen infolge einer außerordentlich langen Schuhspitze nicht zu gehen, er schuf Beine mit Gelenken und viele haben diese mit Schleifen umwunden, dass sie sich kaum hinsetzen können. Der Rumpf ist gänzlich in Schnürbinden befangen, die

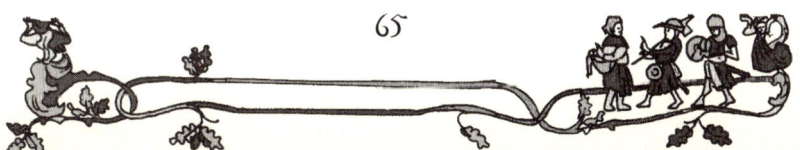

Arme sind durch das Schleppen des Gewandes behindert, der Hals durch die Kapuze eingeengt, der Kopf dicht verbunden durch eine Haube."

Neben der Enge der Kleidung, den aufwändigen Ärmelformen und den Schnabelschuhen hielt nun auch noch das Mi-Parti Einzug in die Mode. Schecken, Wämser, Hosen und sogar Schuhe wurden so hergestellt, dass die rechte Seite des Kleidungsstückes in einer anderen Farbe gehalten wurde als die linke. Neben dem offenkundigen modischen Effekt des Mi-Parti hatte die Farbgebung der spätmittelalterlichen Kleidung aber noch verschiedene andere Bedeutungen. Rot und Grün galten allgemein als Farben der Liebe und des Lebens, waren aber in Kombination oft, vielleicht gar nicht einmal so unpassend, in der Kleidung von Prostituierten und Henkern anzutreffen. Gelb war zwar eine Farbe, die, aufgrund des hohen Preises des Färbemittels, bei den Reichen sehr begehrt war, die aber auch mit negativen Assoziationen belegt war, da Juden als sozial geächtete Bevölkerungsgruppe im Mittelalter gezwungen waren, gelbe Kleidung als Zeichen zu tragen. Wen das nicht störte, der unterstrich mit diesem Faktum noch die Extravaganz seiner Kleidung. Aber nicht nur modische und farbtheoretische Belange beeinflussten die Farbkombinationen des Mi-Parti. Bedienstete trugen oft die Wappenfarben ihres Herrn in der Kleidung und auch Bruderschaften und andere Verbindungen drückten ihre innere Verbundenheit durch die Farbkombination des Mi-Parti aus. So trug zum Beispiel die Compagnia della Calza, eine Vereinigung adeliger junger Männer, Hosen, deren eines Hosenbein rot, das andere schwarz und weiß war. Doch zunächst äußerte sich diese Modesitte noch recht zaghaft. Ihren Höhepunkt sollte sie im kommenden 15. Jahrhundert erleben.

Eine Weile waren auch Schellen an der Kleidung sehr beliebt. An Kapuzen, Gürteln, Schuhen und Ärmeln befestigte man kleine Glöckchen, die bei jedem Schritt und jeder kleinen Bewegung Geräusche von sich gaben. Aber diese Mode war nur kurzlebig und gegen Ende des Jahrhunderts trugen nur noch Narren, gesellschaftliche Randgruppen und Aussätzige Schellen an ihren Kleidern.

## Gewandschnitte des 14. Jahrhunderts

### Gugel

Die Gugel besteht aus zwei gleichen Stoffstücken, die aufeinander gelegt und miteinander vernäht werden. Theoretisch könnte man natürlich auch die Scheitelnaht als Faltlinie betrachten, die Gugel aus einem Stück Stoff zuschneiden und sich so wieder etwas Näharbeit sparen. Hat man genügend Stoff zur Verfügung, würde diese Technik sogar den Wetterschutz der Gugel erhöhen, da dann keine Naht direkt auf dem Scheitel zu liegen käme.

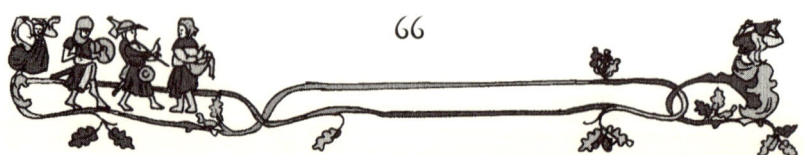

Der Kragen der Gugel kann ohne Weiteres bis zur Mitte des Oberkörpers reichen, aber auch dabei sind vor allem der persönliche Geschmack des Trägers und der Verwendungszweck, warmes Kleidungsstück oder modisches Accessoire, ausschlaggebend. Sollte der Kragen nicht weit genug sein und die Schultern einengen, kann man auch hier Einschnitte vornehmen und Stoffkeile einsetzen.

Der Kragen der Gugel kann zudem noch mit Zaddeln versehen werden, indem man den Stoff zacken-, zinnen- oder blattförmig einschneidet. In diesem Fall müssen die Zaddeln natürlich sorgfältig umsäumt werden oder man sollte überlegen, ob man die Gugel nicht füttert, was nicht nur den Stoff vor dem Ausfransen schützt, sondern auch den Tragekomfort erhöht.

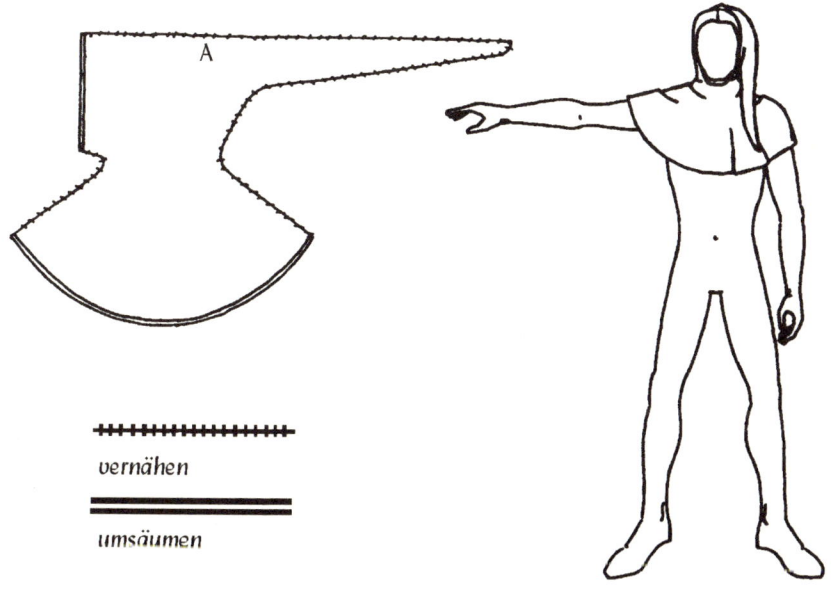

vernähen

umsäumen

Abb. 61

## Beinlinge

Jeder Beinling besteht aus einem Innen- und einem Außenteil. Vor dem Zuschnitt ist es wichtig, sehr genau Maß zu nehmen, da die Beinlinge möglichst eng sitzen sollten. Das Außenteil der Beinlinge muss im Gegensatz zum Innenteil natürlich höher geschnitten sein, denn die Beinlinge müssen später mit Schnittkante A am Leibgurt oder auch am Wams befestigt werden. Dazu muss jeder Beinling abschließend an Schnittkante A noch mit drei Ösenpaaren versehen werden. Das Tragen einer kurzen, leinenen Unterhose ist in Verbindung mit den Beinlingen natürlich obligatorisch.

67

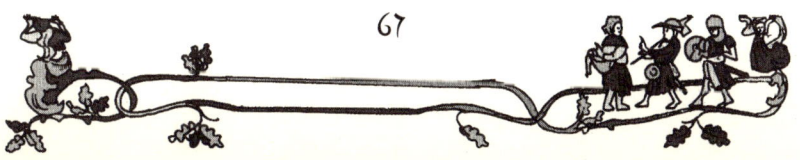

Zum Schnitt der Beinlinge gehören auch Füßlinge, die man, falls man auf die Schuhe verzichten will, mit Ledersohlen versehen sollte. Da die Beinlinge aus je zwei Teilen bestehen und eine Naht senkrecht über das ganze Bein verläuft, bietet sich hier eine gute Möglichkeit sie in geteilten Farben, in Mi-Parti, herzustellen, indem man entweder jeden Beinling in einer anderen Farbe herstellt oder bei beiden Innen- und Außenteil abwechselnd farbig gestaltet.

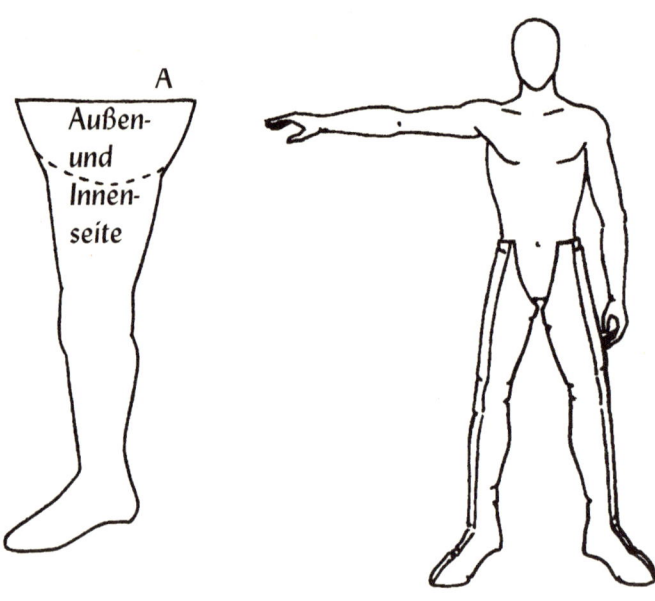

A
Außen-
und
Innen-
seite

Abb. 62

## Schecke

Die Schecke kann vorn mit Knöpfen verschlossen oder auch verschnürt werden. Im ersten Fall müssen die beiden Hälften des Vorderteiles überlappend zugeschnitten werden, im zweiten Fall auf Stoß. Die beiden Vorderteile werden anschließend mit dem Rückenteil vernäht (Schnittkanten A und B). Beim Zuschnitt des Scheckenkörpers sollte man immer den Geschmack des 14. Jahrhunderts bedenken, der einen engen Sitz verlangte. Dies wird durch die gerundete Form der Vorderteile und durch den Abnäher am hinteren Halsausschnitt erreicht. Dieses Kleidungsstück muss in jedem Fall komplett gefüttert werden und auch wenn der Hobbyschneider heute keinen Wert auf die manchmal fast kugelige Brustform des 14. Jahrhunderts legt, sollte zumindest eine Lage Polstermaterial die Brust unterfüttern.

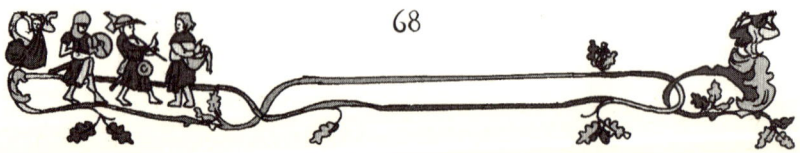

Beim Ärmel wird wieder nach dem bekannten Muster vorgegangen: Entlang der gestrichelten Linie klappen und vernähen. Die Ärmelnaht kann bis zum Ellenbogen oder sogar noch darüber hinaus unvernäht bleiben und nur durch Knöpfe oder Schnürungen verschlossen werden.

Im Gegensatz zu den bisher vorgestellten Schnitten wird der Ärmel der Schecke aber nicht einfach an den Körper angesetzt, sondern er besitzt nach dem Vernähen an seinem oberen Ende eine runde oder linsenförmige Öffnung, die in den Ärmelausschnitt des Körpers passen muss. Die Länge der Kante C des Ärmels muss dabei genau mit dem Umfang des Ärmelausschnittes des Körpers übereinstimmen. Hier heißt es genau ausmessen und zur Sicherheit vielleicht ein wenig mit einer Schablone aus billigerem Stoff herumzuprobieren.

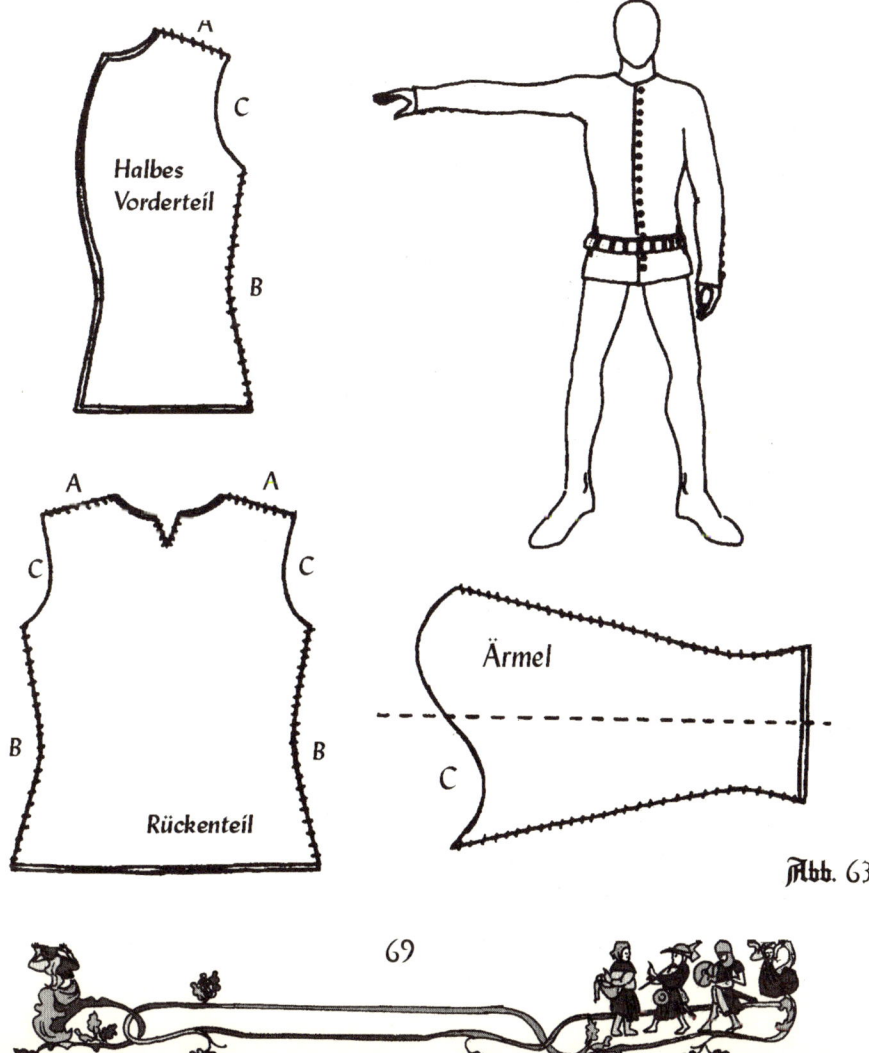

Abb. 63

# Die Männerkleidung des 15. Jahrhunderts

## Gewandformen des 15. Jahrhunderts

Abb. 64

Obwohl das 15. Jahrhundert nicht von einer derart verheerenden Katastrophe wie der großen Epidemie des Schwarzen Todes heimgesucht wurde, verlief es nicht weniger turbulent. Der Hundertjährige Krieg ging 1453 zu Ende, nachdem so berühmte Schlachten wie die von Agincourt (1415) geschlagen worden waren und Jeanne d'Arc, die Jungfrau von Orleans, Frankreich gerettet und zum Dank dafür von dem König, den sie auf den Thron gesetzt hatte, als Ketzerin verbrannt wurde.

Doch nicht nur politisch unliebsame Personen mussten den Scheiterhaufen besteigen. Das 15. Jahrhundert war auch das Zeitalter der Hexenverfolgungen, die Tausende von unschuldigen Opfern forderten und noch bis in die Mitte des 18. Jahrhunderts andauerten. Das ganze Abendland, mit wenigen Ausnahmen, war in Aufruhr und die weltlichen Gerichte, weniger die Inquisitoren der Kirche, fahndeten mit fieberhaftem Fanatismus nach den Anhängern der „Civitas Diaboli", des Reiches des Teufels, die den rechtgläubigen Angehörigen der „Civitas Dei", des Gottesstaates, gegenüberstanden.

Das 15. Jahrhundert war aber nicht nur eine Zeit von Krieg und Grausamkeit, sondern auch ein Jahrhundert der modischen Vielfalt und Prachtentfaltung. So wie Karl der Große, der am Anfang dieses knappen historischen Abrisses der Männerkleidung stand, die Kleidung seiner Zeit beeinflusste, sah auch das 15. Jahrhundert solche Gestalten. Zum Einen wäre Philipp der Gute, Herzog von Burgund, zu nennen, zum Anderen der bereits eingangs erwähnte Maximilian I., deren beider Vorbild und Geschmack maßgeblichen Einfluss auf ihre Untertanen hatten.

### Burgundische Mode

Durch den Niedergang Frankreichs im Hundertjährigen Krieg und seine Verbindung mit England erlebte das Herzogtum Burgund einen ungeahnten Aufschwung. Trotz des Reichtums der einzelnen burgundischen Städte verstand es der Herzog, seinen

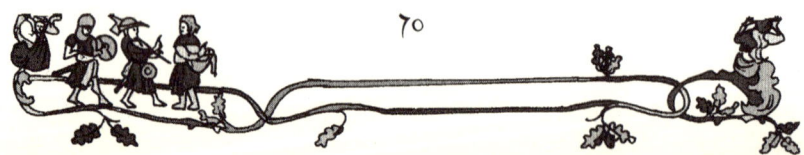

Hof immer als Zentrum der Macht in Burgund zu erhalten und die Hoftracht zum herrschenden Modestandard zu erheben.

Bestimmend für die Rangfolge am burgundischen Hof war der Verwandtschaftsgrad zum französischen Königshaus, da das zwar faktisch unabhängige Herzogtum aus einem französischen Lehen hervorgegangen war, das im 14. Jahrhundert von König Johann dem Guten an seinen Sohn Philipp den Kühnen verliehen worden war.

Ebenso wie die gesellschaftliche Stellung von festen Regeln bestimmt wurde, wurde auch das tägliche Leben durch eine allumfassende Hofetikette bestimmt, die die Umstände von Geburt und Tod ebenso reglementierte wie den Tagesablauf, das Verhalten gegenüber Standespersonen und die Tischsitten. Auch die Verwendung bestimmter Stoffe für die Kleidung wurde durch die Etikette festgelegt.

Allgemein gesprochen behielt man die Kleiderformen des 14. Jahrhunderts bei. Die Houppelande wurde nun jedoch mit immer aufwändigeren Ärmeln ausgestattet, die zu Beginn des Jahrhunderts um das Handgelenk sehr weit und gezaddelt getragen wurden, gegen Ende des Jahrhunderts dagegen an der Schulter weit und dick mit Baumwolle wattiert. Diese Ärmelform nannte man Mahoîtres. Der Tappert, der schon im 14. Jahrhundert bekannt war, wurde in ähnlicher Weise mit Ärmeln versehen, gegürtet getragen und immer weiter verkürzt. Beide Gewandformen büßten mit der Zeit ihre hohen Stehkrägen ein und erhielten einen tiefen, bis zum Gürtel reichenden Ausschnitt. Mit der Verknappung des Obergewandes wurde das darunter getragene Wams immer mehr sichtbar und begann, seine Rolle in der abendländischen Männermode zu spielen, wenn es auch, gerade in Burgund, nur selten als eigenständiges Kleidungsstück getragen wurde. Das Wams hatte unter anderem den praktischen Nutzen, die Hose zu halten, die an diesem mit Nestelschnüren befestigt wurde. Diese war aus den noch getrennten Beinlingen des 14. Jahrhunderts entstanden. Sie war von hautengem Sitz und wurde vorn mittels eines Latzes in Form einer betonten Schamkapsel geschlossen.

Auch die Schuhmode nahm die Formen des 14. Jahrhunderts auf. Allerdings erhielten die Schnabelschuhe Spitzen von gemäßigter Länge und verloren diese am Ende des Jahrhunderts ganz. Aus Lederbeinlingen einwickelten sich bis zum Oberschenkel reichende Stiefel, die umgekrempelt oder umgeschlagen vor allem zum Reiten getragen wurden. Zeitweise trieben die Schnabelschuhe aber noch einmal fantastische Blüten. Die Schuhspitzen wurden so lang, dass man sie, um überhaupt noch laufen zu können, mit einer dünnen Kette oberhalb der Wade befestigen musste. Um sich vor dem oft tiefen Straßenschmutz zu schützen, schlüpfte man mit den Schuhen in sogenannte Trippen, Holzsohlen, mit zwei absatzähnlichen Verstärkungen, die mit Hilfe einer Schlaufe am Schuh befestigt wurden.

71

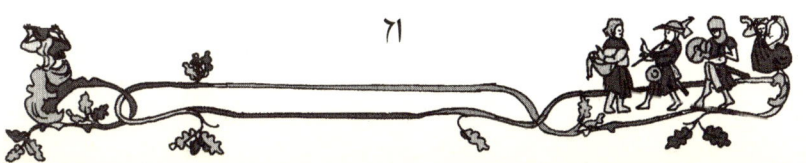

Wie die gesamte Mode war auch die Hutmode in Burgund außerordentlich vielfältig. Großer Beliebtheit erfreute sich das Chaperon, in Deutschland Sendelbinde genannt. Es entstand aus der allseits beliebten Gugel, die im einfachen Volk auch weiterhin getragen wurde. Man rollte den Gesichtsausschnitt turbanartig zusammen, setzte ihn auf den Kopf und drapierte den Rest dekorativ um Kopf und Schultern. Daneben trug man noch alle Arten von Pelz- und Filzhüten und im Sommer auch Strohhüte.

So vielfältig die Hutmode in Burgund war, so einfach war die Haarmode. Nacken und Kopfseiten wurden rasiert und das Haar gleichmäßig vom Wirbel aus nach allen Seiten glatt gekämmt.

Wie bereits erwähnt, wurde die Kleidung des höfischen Burgund durch strenge Vorschriften reglementiert. Diese legten fest, wer die begehrten Gold- und Silberbrokate, Samt- und Seidenstoffe tragen durfte und nicht nur das bekannte Granatapfelmuster zierte die burgundischen Kleider, auch gestickte Devisen und Monogramme waren sehr beliebt.

Zu Beginn des Jahrhunderts war die burgundische Mode noch außerordentlich farbenfroh. Das Vorbild Philipps des Guten aber, der ausschließlich Schwarz trug, führte zu einer allgemeinen Dämpfung der Kleiderfarben in der zweiten Hälfte des Jahrhunderts. So lässt sich die ganze burgundische Mode in zwei Phasen einteilen. Sie machte zunächst eine Phase der weiten, voluminösen Formen durch, nahm in ihren letzten Ausprägungen aber immer engere und schlankere Formen an.

### Italienische Mode

Die italienische Mode unterschied sich von der burgundischen durch ihren sehr maßvollen Charakter. Man trug gefältete Wämser, deren Ärmel von bequemer Weite waren und Gesäß und Schamkapsel bedeckten. Darüber zog man die sogenannte Zimarra, eine Art Houppelande von gemäßigtem Schnitt, oder die Giornata, einen gefalteten, an den Seiten offenen Überwurf. Auch die Kopfbedeckungen waren von schlichterer Form, oftmals nur einfache Filzkappen, die einem Fez ähnelten.

Auch die Schuhmode machte die Grillen der burgundischen Mode nicht mit. Man trug flache Halbschuhe oder leichte Stiefel mit mäßiger Spitze oder gerundetem Vorderfuß.

Nichtsdestotrotz legte man in Italien großen Wert auf kostbare, schwere Stoffe, die in ihrer Farbenpracht aber etwas hinter burgundischen Stoffen zurücktraten.

Neben dieser schlichten Mode existierte aber noch eine andere Modeströmung, die von Söldnern und Kriegsleuten ins Leben gerufen und von der Jugend begeistert aufgenommen wurde. Diese trug mit Begeisterung enge, kurze Wämser, die man zum Zweck besserer Bewegungsfreiheit an den Ellenbogen aufschnitt. Diese Mode

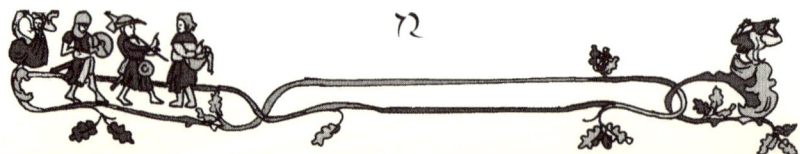

trieb man immer weiter, bis man schließlich die Ärmelnähte ganz offen ließ und sie nur noch zusammenschnürte. Auch die Ärmel wurden nur noch durch Nestelschnüre an den Schultern befestigt. Aus allen Öffnungen des Wamses, an den Ärmeln, den Schultern und der Taille quoll dekorativ das Hemd hervor, das bisher modisch noch gar nicht in Erscheinung getreten war.

Diese Kleidung war im Gegensatz zu derjenigen der älteren, etablierteren Gesellschaft außerordentlich farbenfroh. Das schon im 14. Jahrhundert verbreitet Mi-Parti wurde bis auf Spitze getrieben. Besonders die Hosen wurden geviertelt und geachtelt, horizontal und vertikal geteilt. Sogar die Schamkapseln machten diese Mode mit.

Kaiser Maximilian erlaubte seinen Kriegsleuten ausdrücklich diese modischen Extravaganzen mit den Worten:

> „Lasst sie doch gehen, bei ihrem unseligen und kümmerlichen Leben muss man ihnen einen Spaß gönnen (...)".

**Abb. 65**
Italienische Mode der Frührenaissance

Das sei doch die einzige Freude, die die Landsknechte in ihrem von Krieg und Lagerleben bestimmten Dasein hätten. Söldner waren zudem von den immer wieder durch das ganze Spätmittelalter und die Frühe Neuzeit hindurch erscheinenden Kleiderordnungen ausgenommen. Eine aus dem Zeitrahmen dieses historischen Überblicks herausfallende deutsche Reichsordnung von 1530 sagt dazu:

> „Aber eyn kriegsmann/ so eyn dienst hett oder hauptman vnd im zugk were/ vnd des eyn passbort oder urkund würd anzeygen/ der mag sich nach gestalt der leuff vnd wie jm gelegen/ kleyden vnd tragen."

Ein zeitgenössischer Autor empfiehlt geradezu die farbige, geteilte Mi-Parti-Kleidung,

> „Da es außer allem Zweifel steht, dass zu den Waffen besser helle und heitere Farben stehen, ebenso schmucke, ausgezackte und prunkvolle Gewänder."

In der italienischen Geckenmode, die aus der Kleidung der Kriegsleute entstand, liegen ohne Zweifel die Anfänge der Schlitzmode des 16. Jahrhunderts, die jedoch an dieser Stelle nicht mehr besprochen werden soll.

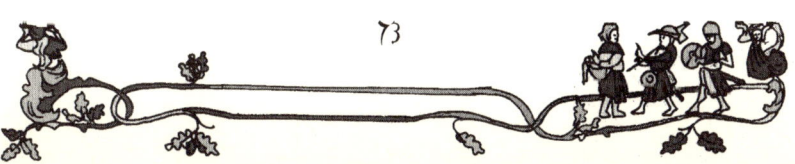

## Houppelande mit Mahoitres

Um den Körper der Houppelande, im Burgund des 15. Jahrhunderts Robe genannt, herzustellen, kann man sich im Prinzip nach der Nähprozedur der Schecke aus dem vorigen Kapitel richten.

Nur die im Schulterbereich aufgestellten und gefältelten Ärmel, die Mahoitres, weichen vom Prinzip des Schnittes der Schecke ab. Die Ärmel bestehen aus zwei Stoffstücken, der Außen- und der Innenseite. Die Ärmelaußenseite wird sehr breit ausgeschnitten und an Schnittkante C (Abb.66.2) so lange in Falten gelegt, bis ihre Breite derjenigen der Ärmelinnenseite entspricht. Beide Ärmelhälften werden vernäht und in den entsprechenden Ausschnitt des Körpers eingesetzt. Man kann aber auch noch andere Ärmelformen ausprobieren. Tüten-, Zaddel-, Hänge-, Sack- oder Beutelärmel passen ebenso gut zur Houppelande.

Wichtig ist nur, dass man sich vor Augen hält, dass die Houppelande ein wirklich hoch-

herrschaftliches Kleidungsstück war, dessen gravitätische Wirkung man hervorhob, indem man sie bodenlang trug. Man sollte ihrer Bedeutung durch die Verwendung hochwertiger Baumwoll- und Seidensamtstoffe oder Brokate Rechnung tragen oder sie sogar mit edlem Rauchwerk (Pelz) verbrämen.

Ob man die Houppelande mit einem Kragen ausstattet bleibt dem persönlichen Geschmack überlassen. Entscheidet man sich aber für einen Stehkragen, muss man dem beim Zuschnitt des Rückens Rechnung tragen, da er sich tief bis zwischen die Schulterblätter nach unten zieht. Diese Besonderheit ist typisch für Kleidungsstücke des Spätmittelalters und auch die im Folgenden aufgeführten Kleidungsstücke sollten diese spezielle Kragenform aufweisen.

Abb. 66.1

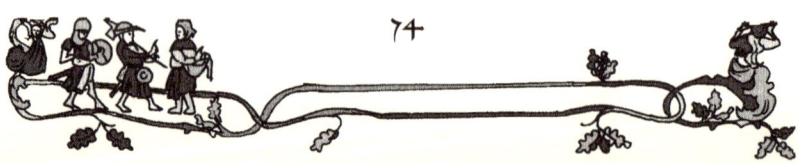

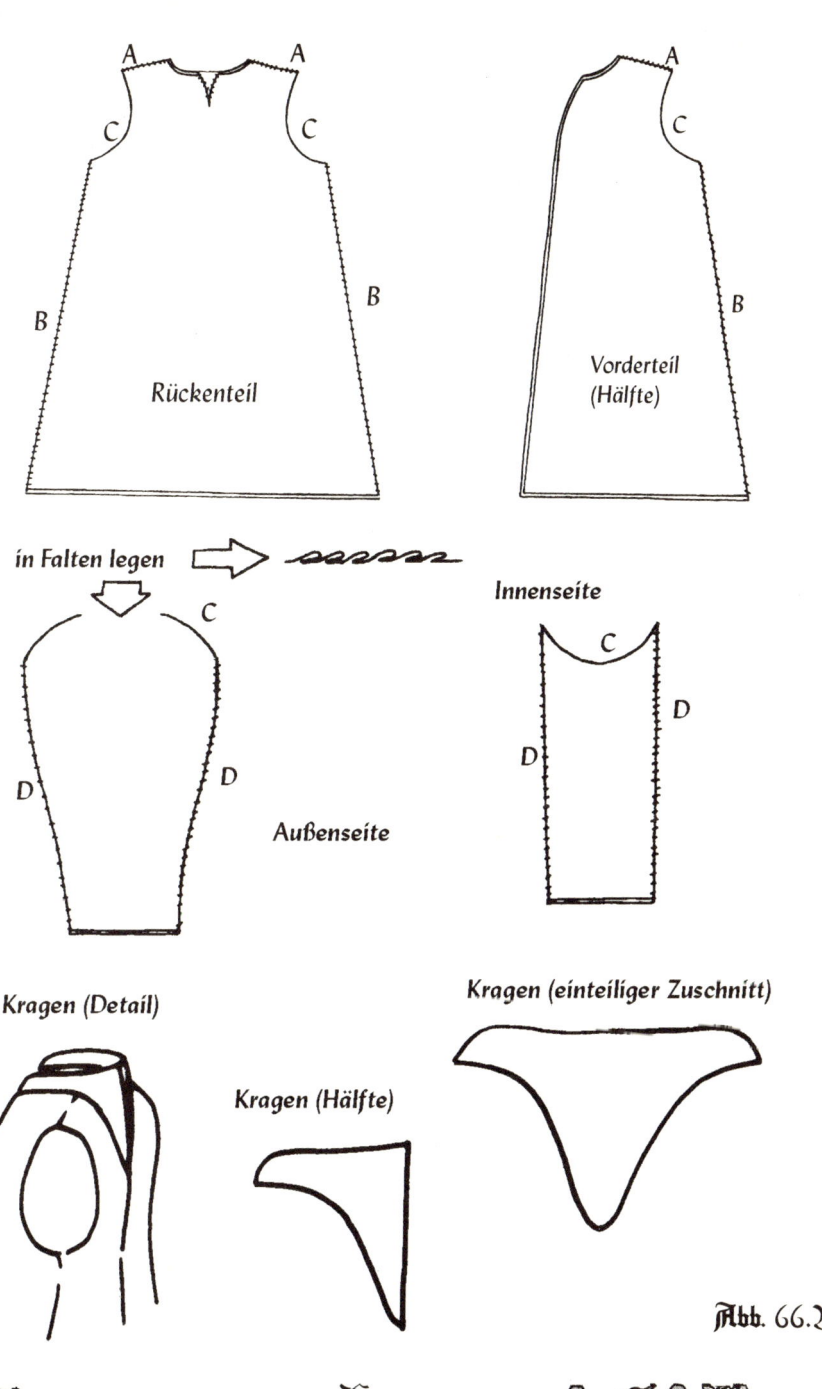

A A

C C

B B

Rückenteil

A

C

B

Vorderteil
(Hälfte)

in Falten legen

C

D D

Außenseite

Innenseite

C

D D

Kragen (Detail)

Kragen (Hälfte)

Kragen (einteiliger Zuschnitt)

Abb. 66.2

## Jacke – 15. Jahrhundert

Nach dem gleichen Schnitt wie dem der Houpplande kann man noch ein weiteres, etwas formelleres Kleidungsstück schneidern, das sich hervorragend als Kälte- und Wetterschutz eignet. Der einzige Unterschied besteht in der Länge der hier vorgestellten Jacke.

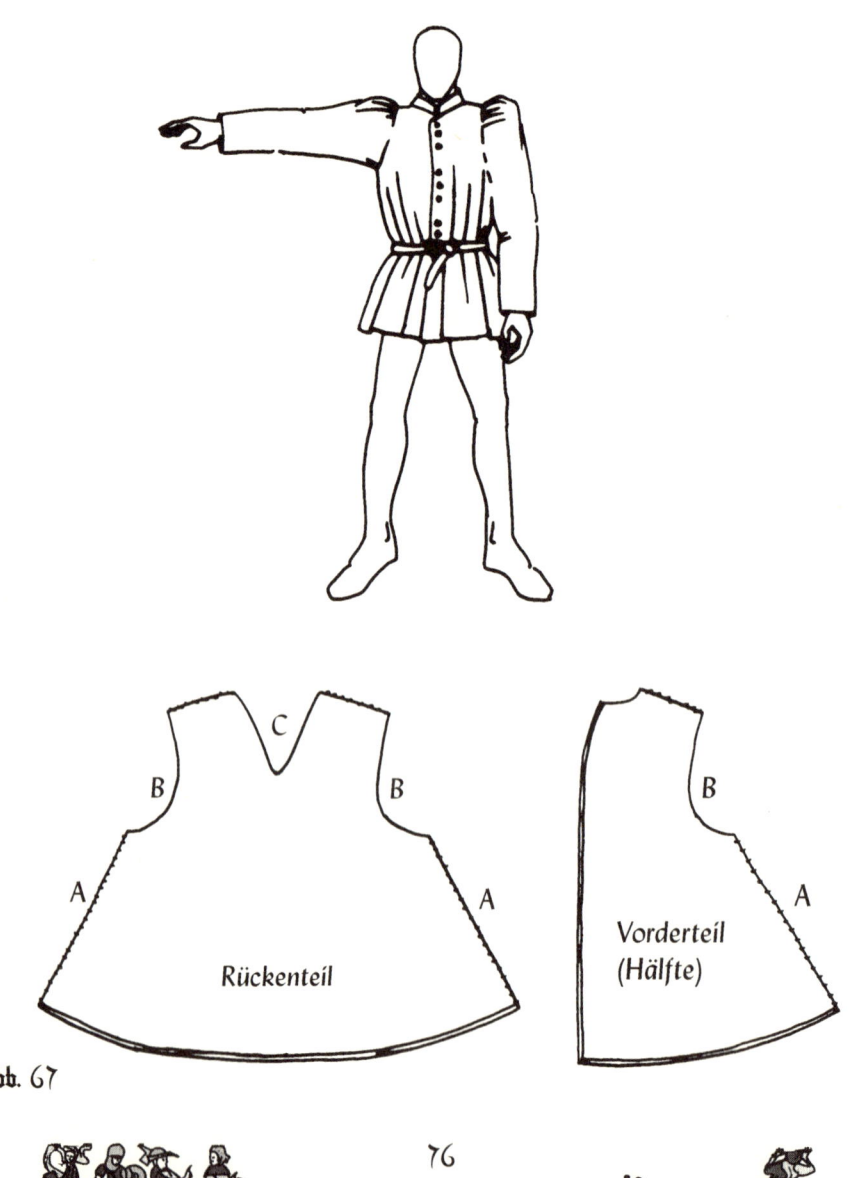

Abb. 67

Im Gegensatz zur pompösen Houppelande sollte die Jacke nur bis zu den Knien oder sogar nur bis zur Mitte der Oberschenkel reichen. Um dieses Kleidungsstück noch deutlicher von der Houppelande abzugrenzen sollte man die Schultern nicht ganz so voluminös und stoffreich zuschneiden.

Deshalb soll an dieser Stelle auch noch ein weiterer Ärmelschnitt vorgestellt werden, der zwar im Endergebnis dem bereits gezeigten Schnitt ähnelt, aber sehr viel einfacher nachzuschneidern ist. Schneidet man den Ärmel so zu, dass die Naht an der Vorderseite des fertigen Ärmels liegt, kann man diese in der Mitte ein wenig offen lassen und sorgfältig umnähen. Durch die so entstandene Öffnung kann man den Arm hindurch stecken, was ebenso praktisch wie elegant ist.

Die beiden Vorderteile (Abb. 67) müssen so breit sein, dass sie sich leicht überlappen. So kann man Knöpfe und Knopflöcher anbringen. Wenn man dies vermeiden möchte, kann man sie ebenso gut als Schlupfkleidungsstück aus einem Vorder- und Rückenteil gestalten. In diesem Fall verzichtet man auf den hohen Stehkragen und schneidet den Halsausschnitt so weit zu, dass der Kopf bequem hindurchpasst und der Kragen des Wamses sichtbar werden kann.

## Zimarra

Da die Zimarra sozusagen die italienische Variante der burgundischen Houppelande darstellt, kann sie auf die gleiche Art wie diese genäht werden.

Sie unterscheidet sich von ihrer nordalpinen Verwandten durch schlichtere, eng anliegende Ärmel, einen engeren Schnitt und die Tatsache, dass sie meist nicht mit einem Kragen versehen wurde. Dagegen werden die beiden Hälften des Vorderteiles nach Außen umgeschlagen und das kostbare, farbige Innenfutter wird sichtbar.

Die Zimarra wurde kürzer getragen als die Houppelande und lief nie in eine lange, unpraktische Schleppe aus. Ebenso wie die Houppelande sollte auch die Zimarra aus hochwertigen Stoffen hergestellt werden (Abb. 68).

Abb. 68.1

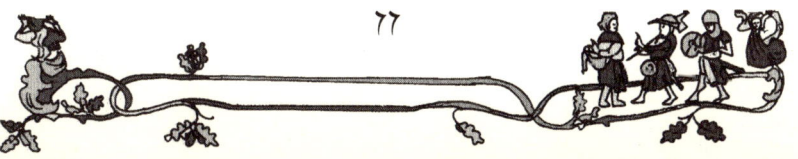

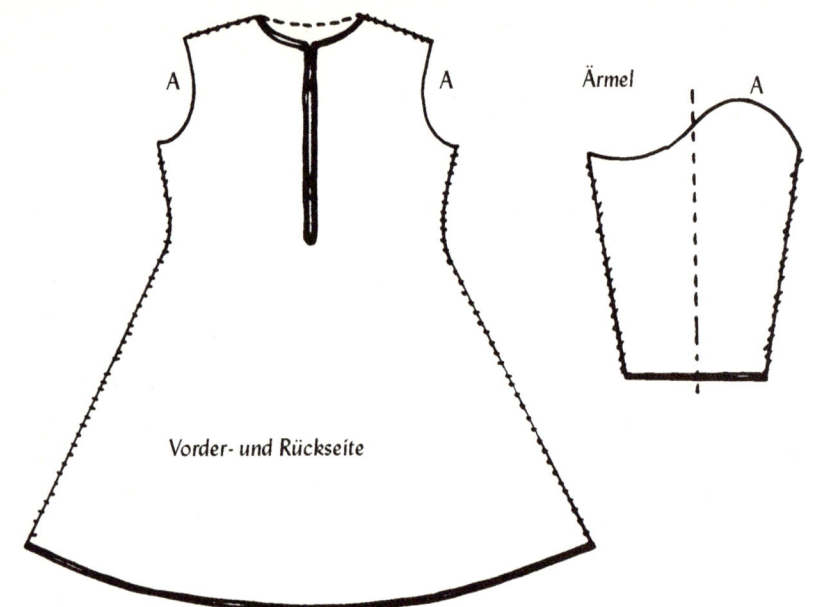

Ärmel

A

A

A

Vorder- und Rückseite

**Abb.** 68.2

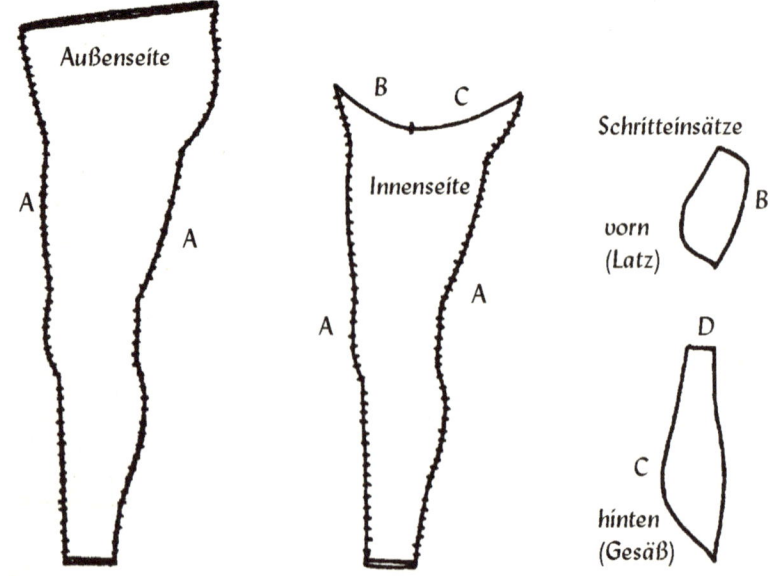

Außenseite

B C

Innenseite

A

A

A

A

A

Schritteinsätze

vorn
(Latz)

B

D

C

hinten
(Gesäß)

**Abb.** 69.1

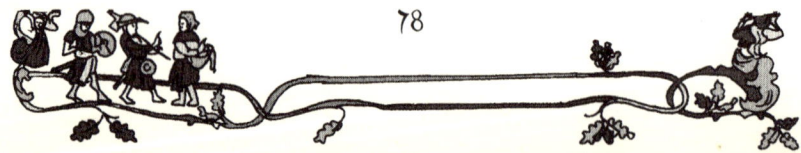

## Hose – 15. Jahrhundert

**Variante 1 (Abb. 69.1)**

Bis auf die Einsätze in der Schrittgegend der Hose gleichen Schnitt und Nähweise derjenigen der Beinlinge des 14. Jahrhunderts aus dem vorhergehenden Kapitel. Diese Einsätze verbinden einerseits die getrennten Beinröhren, geben aber gleichzeitig, angesichts des engen Sitzes der Hose, dem Träger die nötige Bewegungsfreiheit und Bequemlichkeit.

Beim Zuschneiden der Einsätze muss sehr genau gemessen und zugeschnitten werden. Sie werden gemäß der Schnittkanten zwischen die fertigen Hosenbeine genäht. Ferner muss man die Schnittkante D in die Berechnung der Bundweite mit einbeziehen. Der vordere Stoffeinsatz sollte nicht festgenäht werden. Er kann aus den zwei Einzelteilen zu einer Schamkapsel verbunden und mit Hilfe von Ösen an der Hose festgenestelt werden. Rund um den ganzen Hosenbund müssen nun noch Ösenpaare angebracht werden, durch welche die Nestelschnüre gezogen werden, welche die Hose am Wams halten. Abschließend fehlt nur noch ein Stoffsteg, der unten, rechts und links an jedes Hosenbein genäht wird und der dafür sorgt, dass die Hose, auch wenn man die Knie beugt, stramm sitzt (Abb. 69.3 oben).

**Variante 2 (Abb. 69.3)**

Will man sich die Mühe ersparen, ein Hosenbein aus je zwei Teilen zuzuschneiden, kann man auch nach dem zweiten hier vorgestellten Schnitt verfahren. Jedes Hosenbein besteht dabei aus einem Stück Stoff und sogar der Steg wird gleich mit zugeschnitten. Die Naht liegt hier nur hinten am Bein. Allerdings dürfen die Hosenbeine nicht ganz vernäht werden, denn die Hosennaht muss im Schritt und zum Bund hin offen bleiben.

An diesen Stellen müssen die Hosenbeine durch ein auf den ersten Blick etwas seltsam aussehendes Stoffgebilde verbunden werden. Dieses Teil muss zweimal zugeschnitten werden und bildet später Hosenboden und Latz. Dazu näht man die beiden Teile an Schnittkante A zusammen. Schnitt-

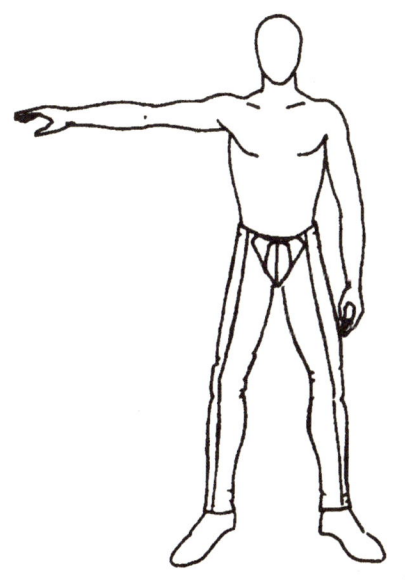

Abb. 69.2

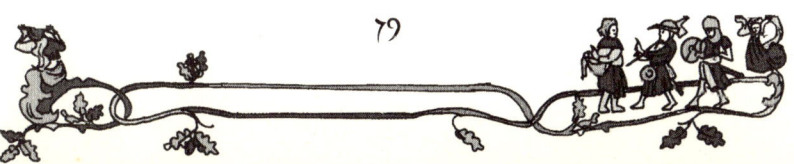

kante B wird mit Schnittkante B' des Hosenbeines vernäht. Der restliche Teil C darf nicht vernäht werden und bildet auch bei diesem Schnitt den verschließbaren Latz. Auch bei diesem Schnitt darf man die Schritthöhe nicht zu großzügig bemessen. Die Hose darf nur hüfthoch sitzen und wird mit Hilfe von Ösen und Nestelschnüren am Wams befestigt.

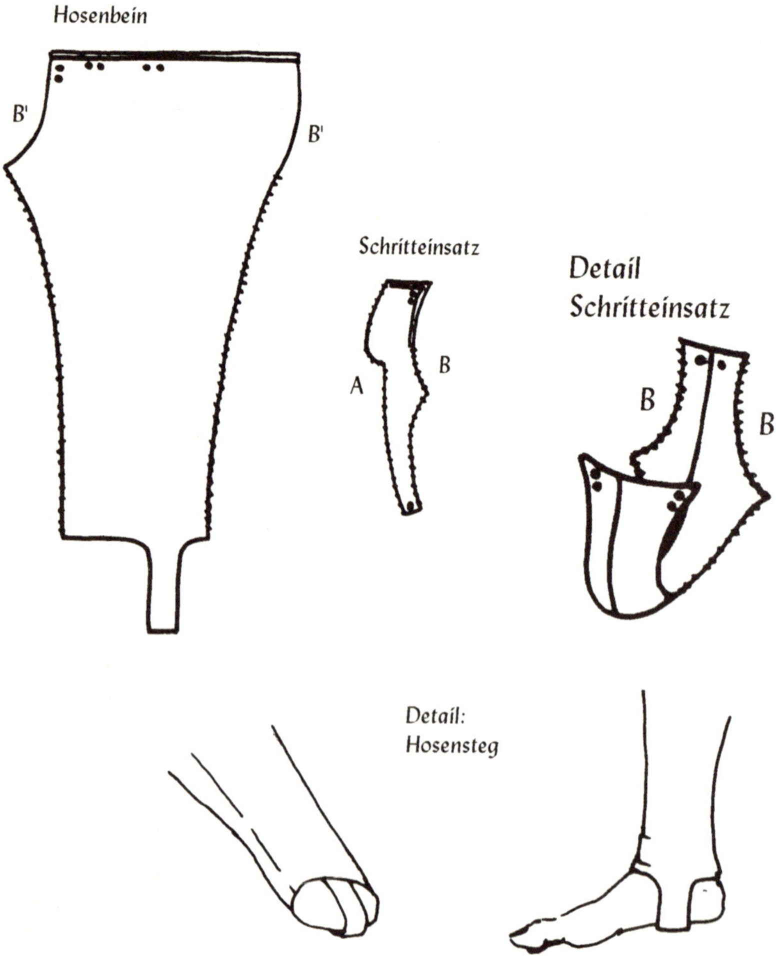

Hosenbein

B'

B'

Schritteinsatz

A

B

Detail
Schritteinsatz

B

B

Detail:
Hosensteg

𝔄bb. 69.3

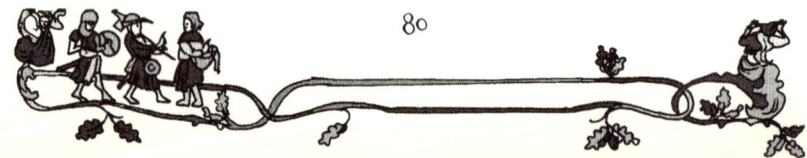

## Wams

Beim Körper und den Ärmeln des Wamses kann man in der nun schon hinlänglich bekannten Art und Weise arbeiten. Damit das fertige Wams aber ganz körpernah wird, sollte man auch den Rücken aus zwei Teilen zuschneiden. So erreicht man eine praktisch dreidimensionale Taillierung des gesamten Kleidungsstückes.

Die Ärmel, deren Naht nicht ganz geschlossen wird, müssen nicht in den Körper eingenäht werden, sondern können an diesen nur angenestelt werden. Aus diesem Grund müssen Ärmel und Ärmelausschnitte mit Ösen versehen werden. Dasselbe gilt für die offengelassenen Ärmelnähte, das Vorderteil und den unteren Rand, der mit der Hose verbunden wird. So wird das fertige Wams fast ausschließlich von Schnürungen zusammengehalten und überall wird das Hemd sichtbar.

Da das Wams aber nicht nur ein Kleidungsstück für den Oberkörper ist, sondern auch die Funktion von Gürtel oder Hosenträger übernimmt, kann man auch im Sommer praktisch nicht darauf verzichten. Damit es dem Träger unter all den Schichten aus wärmender Wolle nicht zu heiß wird, ist es ratsam, sich für die warme Jahreszeit eine Weste aus Leinen herzustellen. Diese entspricht in ihrer Form einem ärmellosen Wams, kann aber am Hals und an den Ärmeln sehr weit ausgeschnitten werden.

Das oben vorgestellte Wams stellt natürlich nur einen Standardtyp dar, der auf vielfältige Weise variiert werden kann. Man kann das Wams hochgeschlossen mit einem Stehkragen anfertigen; geknöpft oder verschnürt; ohne Kragen oder mit einem V-Ausschnitt (Abb. 71 – Ärmel wie in Abb. 70.2). Auch die Ärmel müssen nicht unbedingt nur angenestelt werden, sondern können ebenso gut eingenäht werden. Der Kombinationsfreude sind hier keine Grenzen gesetzt.

Abb. 70.1

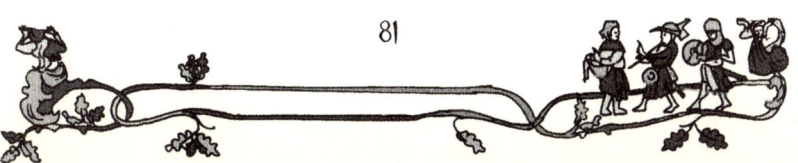

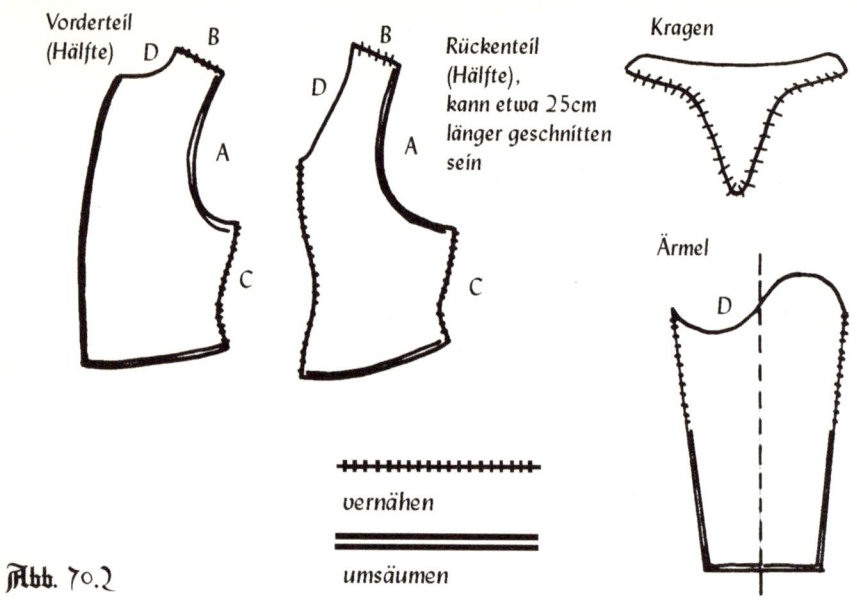

Vorderteil
(Hälfte)
D B

Rückenteil
(Hälfte),
kann etwa 25cm
länger geschnitten
sein
D B

Kragen

Ärmel
D

A

C

C

vernähen

umsäumen

**Abb. 70.2**

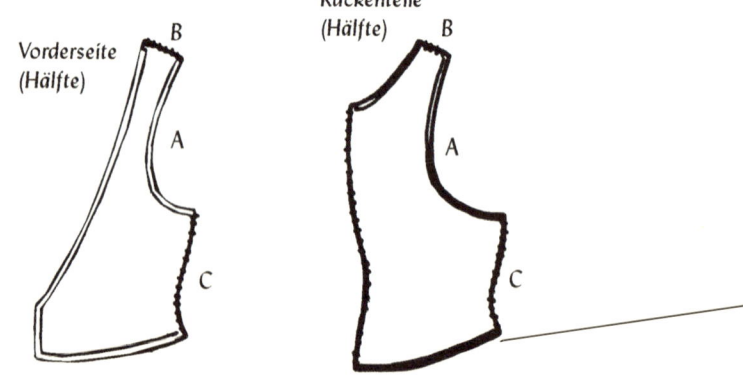

Vorderseite
(Hälfte)
B
A
C

Rückenteile
(Hälfte)
B
A
C

**Abb. 71**

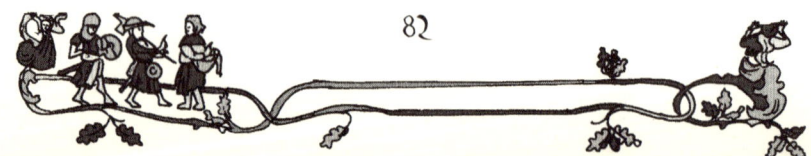

Was für das Wams gilt, gilt ebenso für alle anderen hier vorgestellten Schnitte. Die Vielfalt der Kleidung, die der Mensch durch die Jahrhunderte des Mittelalters trug, macht es fast unmöglich, sie in ihrer Gesamtheit in Schnitten darzustellen. Es wurde hier jedoch versucht, für jede Epoche Kleidungsstücke zu zeigen, die für ihre Zeit typisch waren und die insbesondere im Spätmittelalter schnell wechselnden Moden mitmachten.

Die in diesem Kapitel gezeigten Schnitte können durch das Hinzufügen von schmükkendem Beiwerk, Spezialformen von Ärmeln und Krägen oder auch nur durch die Verwendung besonderer Farben und Stoffe dem jeweils angestrebten Zeitgeschmack weiter angeglichen werden.

# Tausend Jahre Frauenkleidung – Über die Mode des Mittelalters

Text und Zeichnungen von Xenia Krämer

**Abb. 72**
*Kleid, 15. Jahrhundert*

Die Geschichte des Kostüms steht immer in Abhängigkeit zu den historischen und sozialen Entwicklungen der jeweiligen Völker und Epochen. Sich in diesem Kapitel mit der Frauenkleidung des Mittelalters auseinander zu setzen, bedeutet also nicht nur, sich über eine Zeiteinteilung klar zu werden, sondern auch, verschiedene soziale Schichten in ihrer geographischen und historischen Entwicklung zu betrachten. Im Klartext: Man muß untersuchen, was eine Bäuerin im Reich Karls des Großen trug und was eine Edelfrau der gleichen Epoche und warum sich ihre Kleidung eventuell von der im benachbarten England unterschied.

85

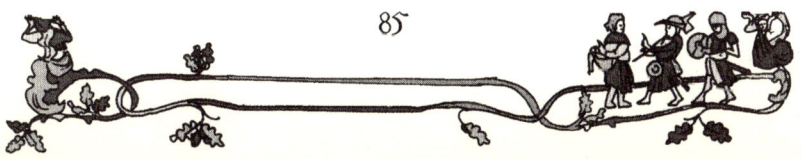

Die Geschichtswissenschaft setzt den Beginn des Mittelalters um das Jahr 500 an und lässt diesen Abschnitt mit Einschränkungen um das Jahr 1500 enden. Einen Zeitraum von 1.000 Jahren in Bezug auf die Entwicklung der Frauenkleidung zu überblicken, ist kein einfaches Unterfangen. Im Folgenden sollen die jeweils typischen Entwicklungsmerkmale dargestellt und so das Erkennen der zeitgemäßen Tracht erleichtert werden.

Dabei soll nicht unbeachtet bleiben, dass vor allem ältere kostümkundliche Werke das Bild der Frau aus der Sicht ihrer eigenen Zeit betrachten. Die Frau des Mittelalters war ohne Zweifel ihrem Mann untergeordnet. Trotzdem war sie im Haus die uneingeschränkte Herrscherin. Ihre Kindheit endete früh: Manchmal wurde sie bereits mit 12 oder 13 Jahren verheiratet. Sie galt nicht als eidfähig und durfte daher kein Gericht anrufen. Ein selbstständiges Berufsleben war ihr im Grunde genommen nur als Hebamme möglich, wobei sie immer darauf achten musste, nicht mit der kirchlichen oder weltlichen Obrigkeit in Konflikt zu geraten. Erst ab dem Späten Mittelalter kommt es vor, dass Witwen gestattet wurde, das Geschäft ihres Mannes weiterzuführen. Seit 1348 gab es sogar Zünfte, die ausschließlich Frauen vorbehalten waren und die meist in Verbindung mit der Kleiderherstellung standen. In der Regel hatten aber auch diese Zünfte einen männlichen Vorstand und es war Frauen nicht gestattet, den Titel Meister zu führen.

Die mittelalterlichen Lebensumstände unterschieden sich beträchtlich von den unseren. Was aus heutiger Sicht als Beschränkung angesehen würde, war aus der Sicht der damaligen Zeit lediglich normaler Alltag und wurde deshalb kaum in Frage gestellt, im Gegenteil: Im Grunde genommen bot das restriktive Leben der Frau im Mittelalter Schutz und Sicherheit. Ihr Leben spielte sich in einem überschaubaren Rahmen ab. Versuchen wir also, die Welt durch mittelalterliche Augen zu sehen, so werden uns die Kleiderformen dieser Zeit als Spiegel der weiblichen Alltagswelt und Ausdruck ihres Selbstverständnisses sinnvoll erscheinen, anstatt aus moderner Sicht umständlich und behindernd zu wirken.

## Die byzantinische Tracht

Begonnen werden soll hier mit der Tracht des byzantinischen Reiches, das sicher nicht per se dem europäischen Mittelalter zuzuordnen ist, dieses jedoch vor allem in den frühen Jahrhunderten stark beeinflusst hat.

Im Jahr 395 teilt sich das Römische Imperium in West- und Ostrom. Mit der Absetzung des weströmischen Kaisers Romulus Augustulus im Jahr 476 durch den Ostgoten Odoaker endet das Westreich und in Westeuropa wird die Kleidung der Barbaren-

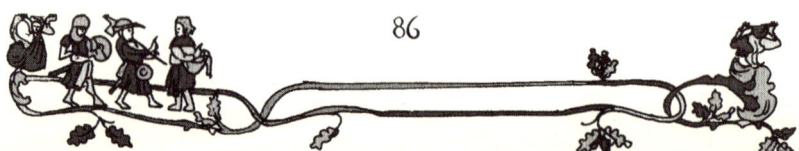

86

*stämme tonangebend. Das oströmische Reich mit seiner Hauptstadt Byzanz blüht jedoch weiter und seine Hoftracht wird auch für die westeuropäischen Fürsten prägend.*

*Die byzantinische Tracht (Abb.73) verbindet hellenistische, orientalische und römische Elemente in sich. Ihre Grundlage bilden die spätrömische Tunika, der Hemdrock und das Manteltuch. Für Soldaten und Bauern war daneben noch die Hose bekannt.*

*Byzanz war durch und durch von strengen christlichen Moralvorstellungen geprägt. Jegliche Form der Nacktheit war verboten und der Charakter der Kleidung wurde immer starrer und verhüllender. Jede Einzelheit der Kleidung war durch spezielle Edikte festgelegt, was dafür sorgte, das sich die Tracht im Laufe der Jahrhunderte kaum veränderte.*

Abb. 73

*In der herrschenden Schicht war es üblich, ein fast immer weißes Unterkleid aus Leinen oder Seide zu tragen. Im Schnitt ähnelte es einer langärmeligen Tunika (Abb. 75).*

*Ein solches Unterkleid nachzuschneidern ist, wie aus Abb.75 ersichtlich, nicht besonders schwierig. Das Kleid selbst besteht aus zwei Teilen, die Ärmel, die nur aus einem einzigen, sich verschmälernden Stoffstück genäht werden, aus je einem. Man muss also bloß vier Teile vernähen. Als Hilfe beim Maßnehmen, kann man, wie bei allen folgenden*

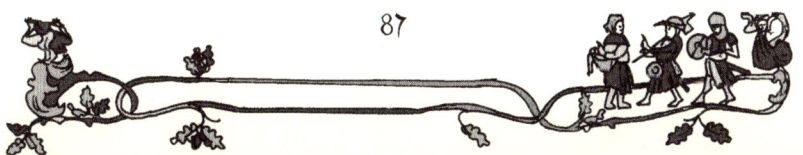

Abb. 74

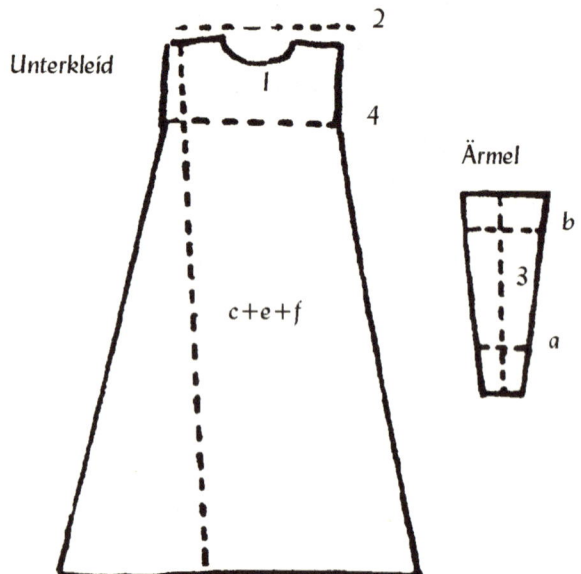

Unterkleid

2

1

4

Ärmel

b

3

a

c + e + f

Abb. 75

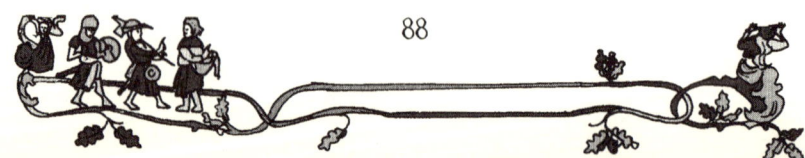

88

Schnitten, die Abbildungen 1 und 2 aus dem Kapitel zur Schnittmustererstellung heranziehen.

Zuerst benötigt man die gesamte Körperlänge, die sich aus den Maßen c, e und f addieren lässt, und die Hälfte des Brustumfanges 4. Das fertige Kleid wird ein Schlupfkleid und kann daher recht großzügig zugeschnitten werden, d.h. dass sie zum Wert der Brustweite ruhig noch 10 cm zugeben können.

Weiterhin benötigen sie die Schulterbreite 2 und die Hälfte des Kopfumfanges 1, die sie auch wieder großzügig berechnen sollten. Nach unten erweitert sich das Kleid leicht. Frauen mit starken Hüften sollten deshalb darauf achten, den Hüftumfang in das Schnittmuster mit einzubeziehen.

Über diesem Unterkleid wurde ein Kleid von ganz ähnlichem aber weiterem Schnitt getragen (Abb.76). Als Stoffe wählte man in höheren Kreisen fast ausschließlich schwere Seidenstoffe, in die oft auch noch Gold- und Silberfäden eingewoben waren und so die Steifigkeit erhöhten. Die byzantinischen Stoffe waren nicht nur ausgesprochen farbenprächtig sondern oft auch durch gewebte Muster verziert. Meistens waren das kleinformatige florale oder geometrische Muster. Die Ärmel des Überkleides waren natürlich weiter und manchmal kürzer als die des Unterkleides und an den Säumen mit breiten Borten geschmückt. Wenn es Rang und Geldbeutel der

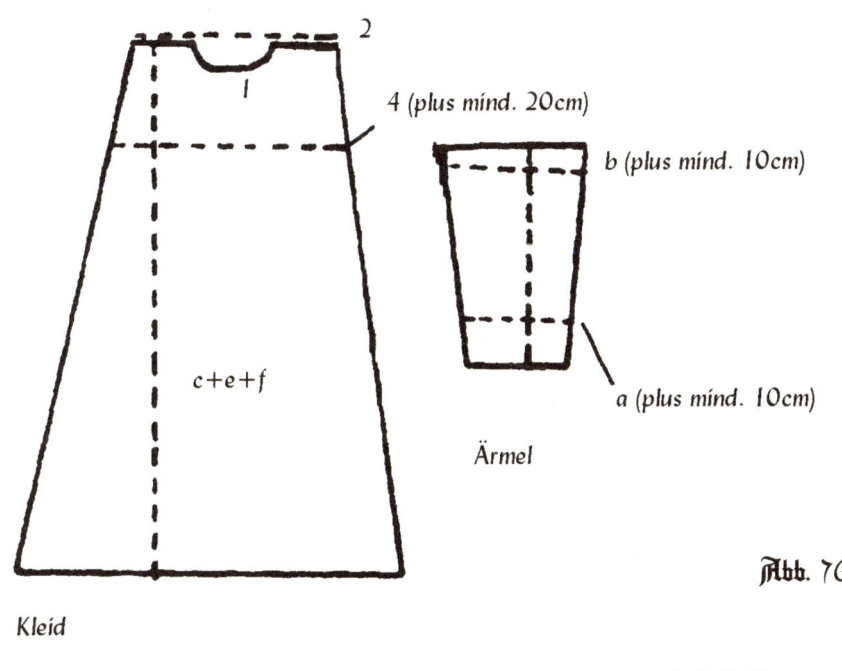

Abb. 76

Kleid

89

Trägerin erlaubten, brachte man aber auch auf dem Untergewand Schmuckborten an.

Dazu trugen die Frauen die römische Paenula, das Manteltuch, das oft wie eine Kapuze über den Kopf gezogen wurde.

Die Haare wurden in der Mitte gescheitelt und ähnlich der weströmischen Haartracht um das Gesicht herum in Locken gelegt. Zusätzlich flocht man noch Bänder und Schmuckstücke mit hinein. Schminke war durchaus üblich und vor allem die Augen wurden stark betont. Als Schuhwerk bevorzugte man Sandalen oder pantoffelartige Schuhe.

Die Frauen der Bauern und Handwerker trugen Kleider von ähnlichem Schnitt, aber natürlich mussten sie sich meist auf Wolle und gröberes Leinen beschränken. Auch sehr farbenfrohe Kleider oder aufwändige Borten, kamen für sie aus finanziellen Gründen natürlich nicht in Frage und selbst wenn sie das Geld dazu aufgebracht hätten, hätte man im strengen Byzanz diese Anmaßung sicher nicht gutgeheißen.

# Die Kleidung der Franken

Nach dem Ende Westroms, das immer noch große Teile Europas unter einer ordnenden Staatsmacht vereint hatte, wurde zunächst die Tracht der einzelnen Volksstämme in geographisch eng begrenzten Gebieten vorherrschend. Nach und nach begannen jedoch die Franken in Westeuropa andere Völker zu unterwerfen und bildeten den ersten Feudalstaat des Mittelalters.

Der Zusammenbruch des römischen Weltreiches bedeutete aber nicht das Ende aller antiken Traditionen. Die Städte, Gebäude und Befestigungsanlagen der Römer standen noch zur Zeit der fränkischen Könige und wurden von ihnen genutzt. Latein war zur Sprache Gelehrten geworden und die Schriften der Antike waren bekannt. Es ist also durchaus nicht einfach eine klare Trennungslinie zwischen Spätantike und Frühmittelalter zu ziehen, doch die Ausbildung einer, nach unseren Maßstäben, mittelalterlichen Lebensform begann unter den Karolingern.

Mit der gesellschaftlichen Entwicklung veränderte sich auch die Kleidung: Oberschicht und Bauern entfernten sich immer mehr voneinander. Es entstanden Amtstrachten und Rangabzeichen. Man muss sich darüber im Klaren sein, dass die mittelalterliche Gesellschaft nie eine von Gleichen und die Kleidung eines der primären Unterscheidungsmerkmale des sozialen Standes war.

Die Könige des fränkischen Reiches herrschten über Teile der ehemaligen Gebiete Westroms und sahen sich selbst als legitime Nachfolger der römischen Kaiser. Zunächst hielten sie zwar noch ausschließlich an ihrer althergebrachten Kleidung fest, aber der

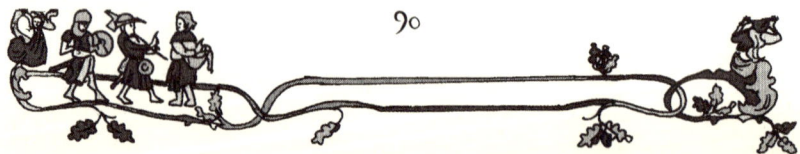

Abb. 77

Einfluss der Kirche und das Beispiel der Staatstrachten anderer Völker (s. Byzanz) begann sich auch in der Kleidung der Franken bemerkbar zu machen.

In der Kleidung der Frauen verschmolzen germanische und antike Trachtenelemente und formten in einem christlichen Staatswesen etwas völlig Neues (Abb.77). Es wurde üblich, Untergewänder zu tragen, die jedoch meist ganz verdeckt blieben. Eine Verkürzung und Erweiterung der Ärmel, um das Untergewand sichtbar zu machen, findet man erst relativ spät im fränkischen Reich. Die Kleider waren lang und recht weit, hatten aber schmale Ärmel und eng anliegende, runde Halsausschnitte (Abb.78, rechts). Es waren nach wie vor Schlupfkleider, die mit Borten verziert wurden. Pelzbesätze oder auch ganz mit Pelz gefütterte Kleidungsstücke waren in den kalten Monaten durchaus üblich. Über der Kleidung trugen die Frauen fast immer ein Manteltuch, das meist auch den Kopf verhüllte und vor der Brust mit einer Spange verschlossen wurde.

Die Kleidung der Frauen aus ärmeren Schichten war im Prinzip ähnlich, aber von weniger aufwändigem Schnitt und aus billigeren Stoffen hergestellt. Wie bereits in einem anderen Abschnitt erwähnt, erließ Karl der Große die erste „Kleiderordnung" des Mittelalters. In erster Linie mag dies eine Maßnahme gegen die Verschwendungssucht des Adels gewesen zu sein, aber vor allem das Volk hatte darunter zu leiden, denn diesem wurden nur sechs Ellen Stoff pro Kopf für die Kleidung zugestanden. So heißt

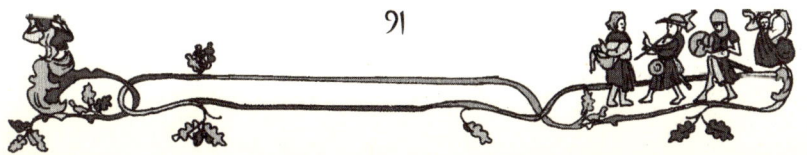

Abb. 78

es in einem zeitgenössischen Spottlied, dass selbst ein Bauer, der drei Höfe besaß, sich Kittel und Hosen nicht gleichzeitig leisten könne.

Unverheiratete Frauen konnten ihr Haar unbedeckt und offen tragen, flochten ihr Haar aber in der Regel zu Zöpfen, die durch Bänder und allerlei Zierrat geschmückt wurden. Die verheirateten Frauen bevorzugten Frisuren, die sich leichter unter einem Tuch verstauen ließen.

Die Verarbeitung der Rohstoffe und die Herstellung der Kleidung selbst lag noch ausschließlich in den Händen der Frauen. Selbst Karl der Große soll seine Töchter zum Spinnen angehalten haben, ein Indiz dafür, dass die Praxis der Heimarbeit in allen Schichten gepflegt wurde.

Kommen wir nun jedoch zum Schnitt der Kleider selbst (Abb.79): Ähnlich den byzantinischen Kleidern benötigt man zunächst zwei Teile für den Körper (vgl. Abb.75 und 76), in die schließlich noch dreieckige Keile eingesetzt werden, um die Grundform zu erweitern.

Die Weite des unteren Saums wurde zunächst von der Breite der Stoffbahn bestimmt, die man auf einem Webstuhl herstellen konnte. Diese Breite überschritt nur selten einen Meter. Mit Keileinsätzen konnte man nun die Saumweite fast beliebig steigern, musste aber beim Einsetzen der Keile immer vorsichtig sein, da eine hohe Anzahl von Nähten die Haltbarkeit eines Kleidungsstückes nicht unbedingt verbessert.

Beim Zuschnitt sollte man auf engen Sitz der Ärmel achten und bedenken, dass das fertige Kleid das Unterkleid ganz bedecken muss (Abb.78, rechts). Es ist also ratsam das Unterkleid eher knapp sitzend zu nähen.

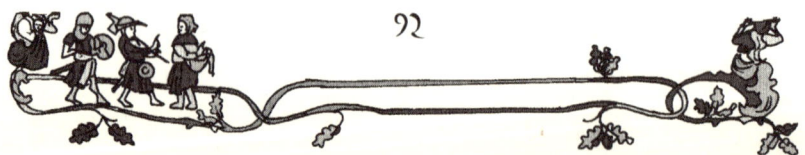

Das unvermeidliche Manteltuch ist ein simples rechteckiges Stoffstück. Allerdings sollte man hier nicht mit Stoff sparen, da man nur so einen dekorativen Faltenwurf erreicht, wenn man es um die Schultern legt.

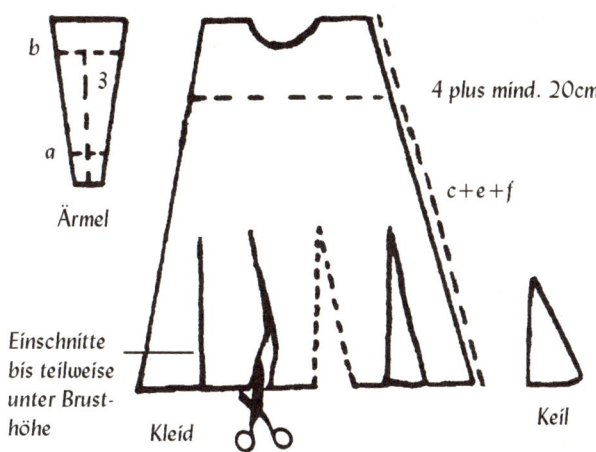

b

3

a

Ärmel

4 plus mind. 20cm

c + e + f

Einschnitte bis teilweise unter Brust- höhe

Kleid

Keil

*Abb.* 79

## ffrauenkleidung des 10. und 11. Jahrhunderts

Im Laufe des 10. Jahrhunderts ändert sich wenig am Zuschnitt der Frauenkleidung. Ober- und Unterkleid bleiben von weitem, hemdartigem Schnitt. Das Kopftuch und der Mantel werden zu eigenständigen Kleidungsstücken (Abb.80).

Allerdings nimmt der byzantinische Einfluss stetig zu. Die Länge der Kleider wird oft nach dem Geschmack der Trägerin variiert und die Ärmel werden weiter. Ein Spiel mit mehreren übereinander angezogenen Kleidern von verschiedener Länge in verschiedenen Farben beginnt, bis man schließlich bis zu drei Schichten von Oberkleidern trägt (Abb.81). Die Unterkleider werden länger und entwickeln sich fast schon zu Schleppen. Die seidenen und brokatenen Borten und Besatzstreifen verbreitern sich und sind jetzt nicht mehr nur an den Rändern der Kleidung sondern auch im Knie- und Brustbereich angebracht.

Neben den Verzierungen wurden auch die Farben der Kleider immer prächtiger. Rot und Purpur galten als die vornehmsten, dicht gefolgt von Blau und Grün. Beim Schnitt der Kleider machen sich im Oberkörperbereich erste Versuche bemerkbar, die

93

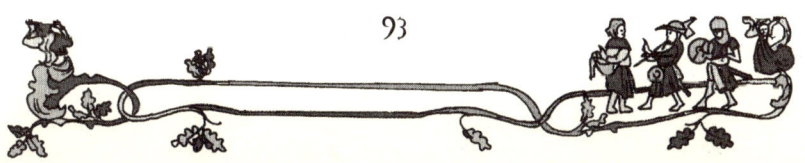

Abb. 80

Abb. 81

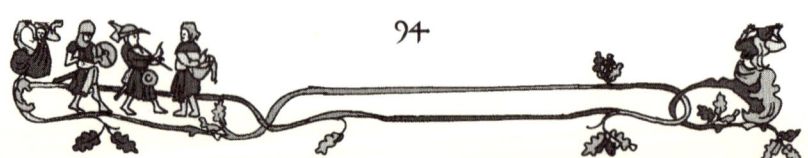

94

Kleiderform der Körperform anzunähern (Abb.82). Der Halsausschnitt behält seine runde Form, aber auch eckige Ausschnitte sind nun vereinzelt zu finden.

Um die Passform zu verbessern werden die Ärmel bei Gewandschnitten des 11. und 12. Jahrhunderts nicht mehr einfach gerade angesetzt, sondern erhalten an ihrem oberen Ende eine Rundung, sodass man sie nun schräg, der Körperform entsprechend ansetzen kann.

Beim hier wiedergegebenen Schnitt sind Brust und Taille akzentuiert, weswegen man hier beim Maßnehmen ein wenig Sorgfalt walten lassen sollte. Wie lang das fertige Kleid schließlich werden soll, bleibt ganz dem persönlichen Geschmack überlassen. Will man sich jedoch der damaligen Mode entsprechend kleiden, sollte man dem Unterkleid genügend Spielraum geben. Dieses kann nach demselben Schnitt wie das Oberkleid genäht werden, aber seine Ärmel müssen schmal bleiben, um noch bequem unter die prächtigen Ärmel des Oberkleides zu passen. Um den Sitz des Kleides noch raffinierter zu gestalten, kann man am unteren Saum Zwickel einsetzen, die bis etwa in Wadenhöhe reichen.

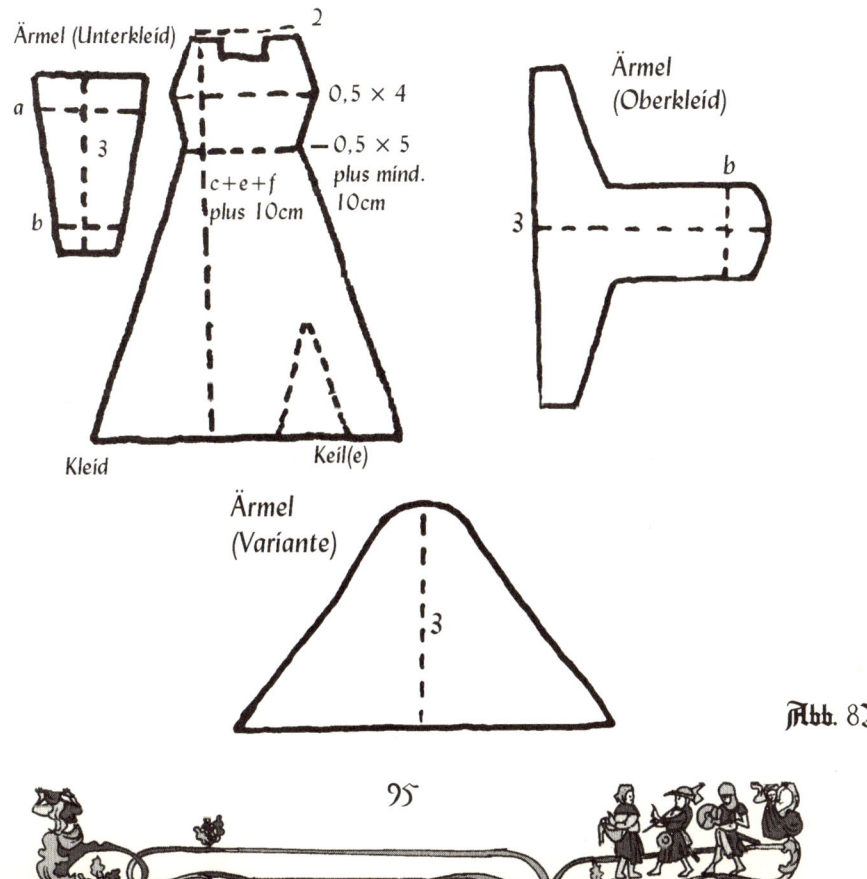

Ärmel (Unterkleid)

a

3

b

2

$0,5 \times 4$

$0,5 \times 5$ plus mind. 10cm

c+e+f plus 10cm

Kleid

Keil(e)

Ärmel (Oberkleid)

b

3

Ärmel (Variante)

3

Abb. 82

Abb. 83

Im Laufe des 12. Jahrhunderts blühten die Städte mehr und mehr auf, Handwerk und Handel nahmen einen wichtigeren Platz in der Gesellschaft ein und neben den Klöstern wurden die Universitäten zu Zentren der Gelehrsamkeit. Der Einfluss der Kirche auf die Mode nahm in diesem gesellschaftlichen Klima ab und das Rittertum mit seinen Vorstellungen von Minne und Weiblichkeit prägte nun die Mode: Die Frau wurde zum Zentrum der höfischen Kultur und Mode.

Die Kleider werden jetzt seitlich oder hinten geschnürt, sodass sie um Taille und Oberkörper eng anliegen (Abb.83). Gleichzeitig werden die Röcke durch den Einsatz von immer mehr Keilen immer weiter und erhalten oft eine echte Schleppe. Die Ärmel bleiben im Oberarmbereich schmal, erweitern sich aber ab dem Ellenbogen so sehr, dass sie manchmal bis zum Boden reichen. Dieser sogenannte Schleppenärmel wurde dann der Bequemlichkeit halber und natürlich als modischer Blickfang hinter dem Rücken zu einem losen Knoten geschlungen. Da durch diese Ärmelform das Unterkleid sehr deutlich sichtbar wurde, begann man, dieses nun aus ebenso kostbaren Stoffen wie das Obergewand herzustellen.

Da man im Hochmittelalter immer öfter versuchte, die Kleidung den Körperformen anzupassen, wurden erstmals kompliziertere Schnittmuster erforderlich. Spezialisierte

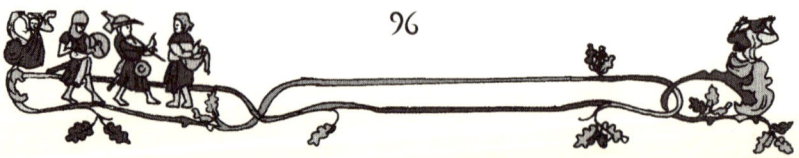

Handwerker übernahmen von nun an mehr und mehr die Kleiderherstellung: Das Schneiderhandwerk war geboren.

Doch die Betonung der körperlichen Merkmale diente nicht nur der Hervorhebung der weiblichen Schönheit, sondern auch der Kennzeichnung von Standesunterschieden. Eine Bauersfrau konnte mit einer eng geschnürten Taille nur schlecht auf dem Feld arbeiten und bis zum Boden hängende Ärmel und Schleppen machten schwere Tätigkeiten quasi unmöglich (Abb. 84) – ein deutlicher Hinweis: Wer solche Kleidung trug, musste keine körperliche Arbeit verrichten.

Abb. 84

Im 13. Jahrhundert wurden die Kleider dagegen wieder etwas weiter und ähnelten damit wieder den Formen des 10. und 11. Jahrhunderts. Im Oberkörperbereich lagen sie zwar eng an, aber ab der Brust fielen sie in lange Röhrenfalten. Die Ärmel waren nun auch wieder schmal (Abb.85, links) und der Halsausschnitt relativ eng, aber er wurde mit einem Schlitz versehen, damit man leicht mit dem Kopf hindurchschlüpfen konnte. Diesen Schlitz verschloss man mit einem Knopf oder einer kostbar verzierten Gewandnadel, dem Fürspann.

Die weiten Kleider wurden sowohl mit Gürteln gerafft als auch lose hängend getragen, ganz nach den Vorlieben der mittelalterlichen Dame. Eine kleine Regel scheint hier

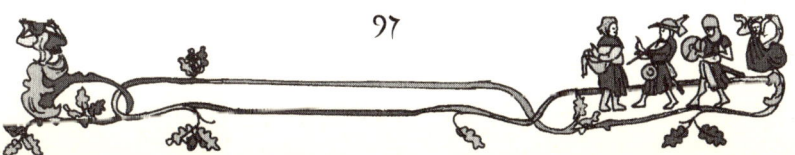

Abb. 85

aber doch zum Tragen gekommen sein: Im Haus getragene Kleider wurden meist gegürtet, während man die „Straßenkleidung" oft ohne Gürtel trug. Das mag damit zusammenhängen, dass ein eng gegürtetes Kleidungsstück in den etwas beengteren häuslichen Verhältnissen praktischer war.

Im Haus trug man die einfache und oft recht schlichte Kotta. Darüber zog man die ungegürtete Surcot. Als Erweiterung kam noch die ärmellose Suckeniê dazu (Abb.85, rechts), die ein Lieblingskind der Mode bleiben sollte. Die Ärmel waren jetzt häufig nicht mehr angenäht, sondern nur angenestelt und konnten beliebig ausgetauscht werden.

Da es als unschicklich galt, wenn eine Frau ihren Fuß zeigte, waren die Kleider sehr lang und mussten zum Gehen mit der Hand gerafft werden. An den so schamhaft verborgenen Füßen trug die Frau Halbschuhe oder knöchelhohe Stiefel über von Bändern gehaltenen Kniestrümpfen. Bei schlechtem Wetter und zum Schutz vor dem Straßenschmutz schnallte sie von Zeit zu Zeit noch Trippen unter ihre Füße (Abb. 86).

Die Brust schmückte, wenn es der Geldbeutel hergab, eine Spange und auch die Kopftücher entwickelten sich mit der Zeit vom praktischen Kleidungsstück zum schmückenden Accessoire. Man erweiterte das Kopftuch um Hals- und Kinnbinden

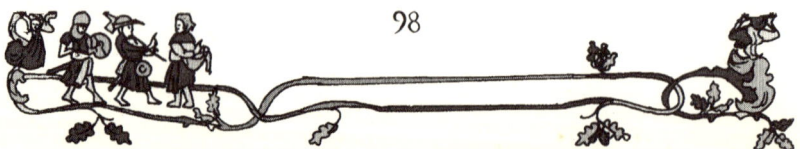

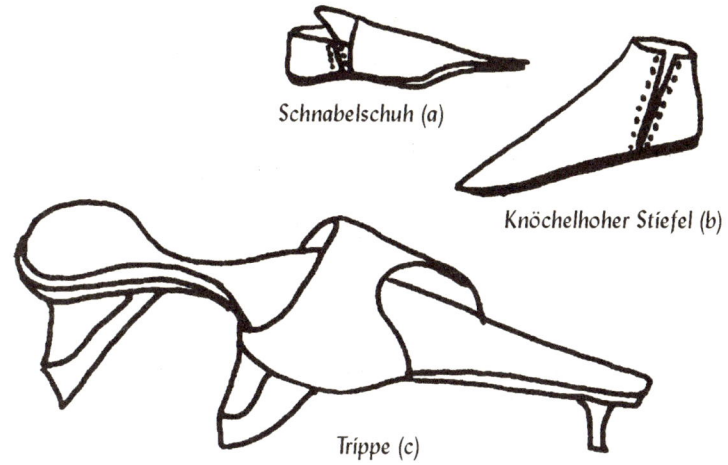

Schnabelschuh (a)

Knöchelhoher Stiefel (b)

Trippe (c)

**Abb.** 86

oder trug darunter gugelähnliche Hauben, die sich bis heute in der Nonnentracht erhalten haben.

Eine der größten Veränderungen in der Frauenkleidung war sicherlich die Veränderung der Mantelform. Das zuvor stets rechteckige, stoffreiche Manteltuch wurde zum zugeschnittenen, halbkreisförmigen Mantel. Vorne offen und durch eine von zwei Spangen, den Tasseln, gehaltene Schnur geschlossen, wurde er zu einem Merkmal der höfischen Mode. Der Griff zierlicher Hände in diese Schnur und das Spiel damit ist ein Darstellungstypus, der aus der Kunst dieser Zeit nicht wegzudenken ist.

Der Schnitt zu den Kleidern des 12. Jahrhunderts geht aus den Abbildungen 87 und 88 hervor. Abb. 87 ergibt ein auf dem Rücken zu schnürendes Kleid, das Kleid zu Abb. 88 wird an den Seiten unter den Armen verschlossen. Man muss hier beachten, dass die Punkte in der Zeichnung Ösen darstellen und dass diese Partien nicht vernäht werden dürfen. Zur Verbesserung der Haltbarkeit des Kleides sollte man die Stellen, die mit Ösen versehen werden, durch eine zweite Stofflage oder vielleicht sogar durch dünnes Leder verstärken.

Metallösen kann man in jedem Kurzwarenhandel oder Stoffgeschäft erhalten. Oft wird eine Einschlaghilfe mitgeliefert, doch die Anschaffung einer Loch- und einer Ösenzange lohnt sich spätestens nach dem zweiten Kleid. Es sei aber noch angemerkt, dass moderne Metallösen nur ein Notbehelf sind. Mit der Hand (oder auch der Maschine) umnähte Ösen sehen besser aus, sind haltbarer und gerade dieses kleine Detail gibt dem mittelalterlichen Kleid den letzten Schliff.

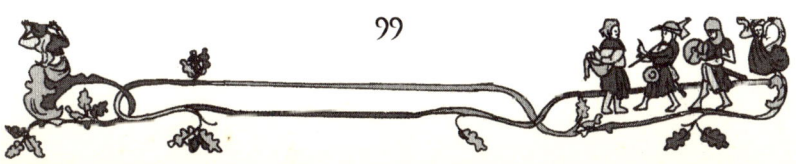

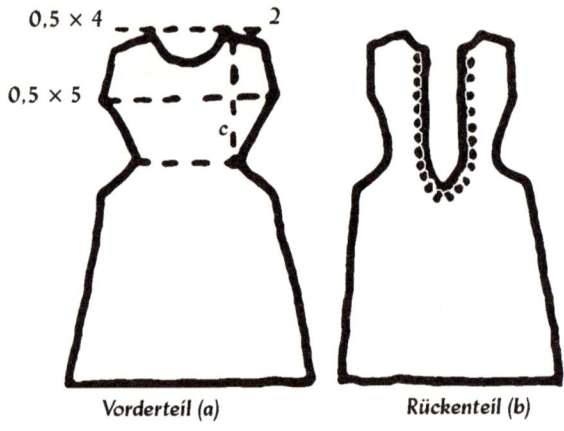

Vorderteil (a)    Rückenteil (b)

Rock bis zum Boden ergänzen

**Abb.** 87

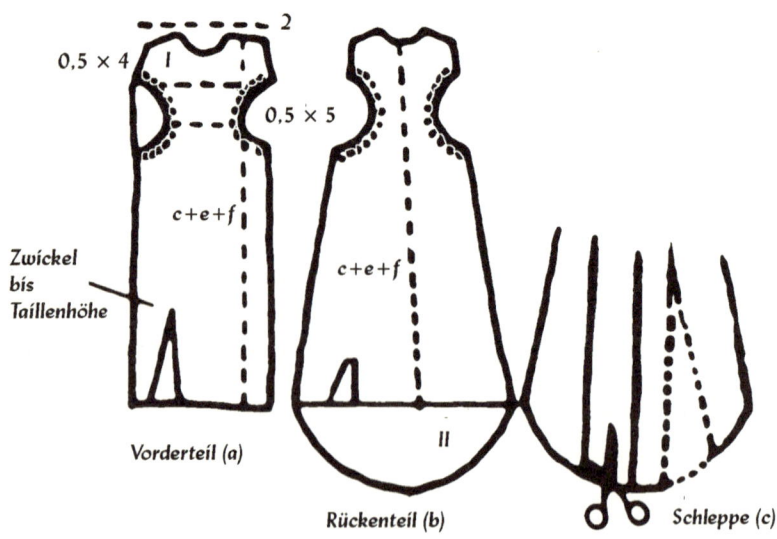

0,5 × 4

0,5 × 5

c+e+f

c+e+f

Zwickel
bis
Taillenhöhe

Vorderteil (a)

Rückenteil (b)

Schleppe (c)

**Abb.** 88

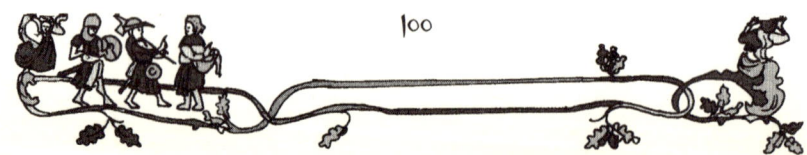

Die hier vorgestellten Kleider benötigen viele, vom unteren Saum ausgehende, bis zur Hüfte reichende Zwickel. Erst nach dem Einsetzen der Zwickel sollte man die endgültige Breite des Rückenteiles messen und auf dieser Basis die Breite des für die Schleppe anzusetzenden Halbkreises berechnen. Für einen besonders schönen Faltenwurf der Schleppe schneidet man diese zunächst aus einer Stoffbahn aus und passt dann exakt berechnete Zwickel ein (Abb.88). Das erfordert ein wenig Sorgfalt und Übung und sollte zunächst mit einem Papierschnitt ausprobiert werden.

Die Art der Ärmel geht aus Abbildung 81 hervor, nur dass man hier die Schleppenärmel bis zum Boden verlängert. Für die Untergewänder kann man den Schnitt in Abbildung 82 zu Rate ziehen.

Die Schnitte der Kleider des 13. Jahrhunderts gleichen nun im Prinzip denen aus Abbildung 79, außer dass zahlreiche Zwickel, die bis unter die Brust reichen, eingesetzt wurden. Passende ungegürtete Übergewänder für diese Kleider gehen aus den Schnitten in Abbildung 91 hervor.

# Frauenkleidung des 14. Jahrhunderts

Abb. 89

Im 14. Jahrhundert gewannen die Städte und damit auch das Bürgertum immer mehr an Macht und Einfluss. Die Mode wurde vielfältiger durch das Bedürfnis der Besitzenden sich voneinander abzugrenzen. Vor allem das Ende der großen Pestepidemie in der Mitte des Jahrhunderts sorgte für Euphorie in der ganzen Bevölkerung und für einen noch schnelleren Wechsel der Moden. Selbst die stetig wachsende

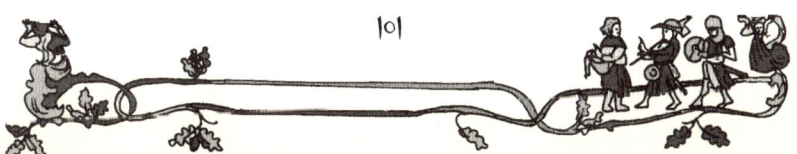

Zahl von Kleiderordnungen konnte dieser Entwicklung nicht Einhalt gebieten (Abb.89). Jede einzelne Spielart der Mode wurde übersteigert: Die Schuhspitzen wurden immer länger, die Ärmelformen immer aufwändiger und die Formen immer extremer.

Die gewagteste Neuerfindung des 14. Jahrhunderts war das Dekolletee. Spätestens um die Jahrhundertmitte hatte der Halsausschnitt sich zu einer neuen Form gewandelt und ließ die gesamte Schulterpartie bis hinunter zu den Brüsten unbedeckt. Trotzdem gab es Frauen, die diese Mode nicht mitmachten. Noch unter dem Eindruck der Schrecken der Pest suchten sie Halt im Glauben und hielten an den alten, vermeintlich sittsameren Ausschnittformen fest.

Die neuen Kleiderformen betonten wieder mehr die schmale Taille und wurden meist an den Seiten verschlossen. Vorn am Kleid sitzende Knopfleisten wurden aus der Männermode übernommen, hatten oft aber rein dekorativen Charakter. Während die Schecken der Männer immer kürzer wurden, wuchsen die Schleppen der Frauenkleider geradezu ins Unermessliche.

Surcot und Suckeniê verschmolzen zu einer neuen, ärmellosen Surcot-Form, deren seitliche Ausschnitte so groß waren, dass sie den Blick auf die eng geschnürte Taille frei gaben. Die über so viel Verdorbenheit erboste Geistlichkeit gab diesen Ausschnitten den Namen „Teufelsfenster“. Eine weitere Variante der Surcot war eine Art kurze Jacke, die vermutlich von der Männerkleidung inspiriert war und nur etwa bis zur Hüfte reichte.

Die großen Schleppenärmel blieben modern, aber die voluminösen Stoffungeheuer schrumpften gegen Ende des Jahrhunderts zu bloßen Zierstreifen zusammen. Auch der Tasselmantel wurde weiter gern getragen, erhielt jedoch durch den Nuschenmantel und die Heuke Konkurrenz.

Um das Dekolletee voll zur Geltung zu bringen, wurden die Haare oft zu Zöpfen geflochten und aufgesteckt. Eine hohe Stirn galt zudem als schön, weshalb man den Haaransatz noch ein bisschen höher ausrasierte, als er ohnehin war. Da verheiratete Frauen das Haar immer aufgesteckt und bedeckt trugen, zeigte man sich im Ersinnen neuer Haubenformen erfinderisch. Eine der beliebtesten Haubenformen stammte aus Deutschland und wurde Kruseler genannt. Dieser war ein zunächst nur am Rand gekrauster Schleier, der später zu einem gestärkten Tuch mit mehreren Spitzenborten am Rand wird. Oft ergänzte man außerhalb des Hauses die Haube durch die Rise, ein um Hals und Kinn gelegtes Band, das manchmal nur die Augen und die Nase frei ließ. Gegen Ende des Jahrhunderts kamen die Hörnerhaube und die Hennin auf, die im 15. Jahrhundert noch eine große Rolle in der Frauenkleidung spielen sollten. Offene Haare und Schapel waren für verheiratete Frauen unüblich und blieben deshalb den Jungfrauen vorbehalten.

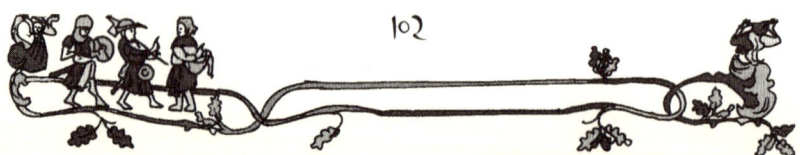

Abb. 90

Eine der auffälligsten Modeerscheinungen des 14. Jahrhunderts ist die Vorliebe für Schellen. Zunächst tauchten sie nur als Schellenband am Gürtel auf, breiteten sich aber bald über die gesamte Kleidung aus und saßen an Säumen und Ausschnitten. Die Schellenmode konnte sich jedoch nicht lange halten und die kleinen Glöckchen überdauerten nur in der Tracht der Narren. Gegen Ende des Jahrhunderts traten auch die ersten Zaddelungen, d.h. gezackte und ausgeschnittene Kleidersäume, auf, die sich noch in der burgundischen Mode des frühen 15. Jahrhunderts finden.

Da die Stoffpreise nun allmählich fielen, hielten auch die ersten wirklichen Neuerungen in die Bauerntracht Einzug. Die Frauen trugen zwar weiterhin lose fallende Kleider, aber diese hatten nicht mehr den einfachen, hemdartigen Schnitt. Vielmehr imitierten sie die Schlupfkleider des 12. Jahrhunderts. Dazu trug die Bäuerin ebenfalls ein Kopftuch, musste aber auf komplizierte Hauben verzichten.

Die eng anliegenden Kleider lassen sich am Besten nach dem Schnitt aus Abbildung 87 und 88 nähen, aber sie können nun vorn in der Mitte der Länge nach aufgeschnitten werden, um sie mit Knopfleisten wieder zu schließen. Wessen Nähmaschine kein Knopfloch-Programm aufweist, kann den Knöpfen gegenüberliegende Schlingen aus Zierbändern anbringen. Diese Technik ist weniger arbeitsaufwändig und verschließt ein Kleidungsstück genauso gut. Es ist aber ebenso möglich, die Knöpfe einfach nur zur Zierde anzunähen und das Kleid auch weiterhin nur an den Seiten zu schließen. Die Ärmel des Kleides ergeben sich aus dem Schnitt in Abbildung 82 (Ärmel Variante),

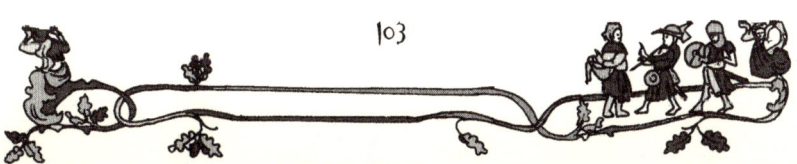

2 plus mind. 20cm

0,5 × 4

c+e+f

2

c+e+f

0,5 × 1

2

c+e+f

jedoch sollten sie, der Mode des 14. Jahrhunderts zuliebe, sehr exakt zugeschnitten sein und möglichst eng sitzen. Das erreicht man durch eine Knopfleiste, die am gesamten Unterarm entlang läuft (Abb.94).

Den Schnitt für eine Surcot mit Teufelsfenstern erhalten sie im Prinzip aus Abbildung 91 (Mitte). Sie müssen lediglich die Ärmelausschnitte wesentlich vergrößern und das Mittelteil vor der Brust auf einen schmalen Streifen reduzieren (siehe Abb.92).

Für ein Kleid mit den zu Streifen verschmälerten Ärmelenden verwenden sie ebenfalls die Schnitte aus Abbildung 87 und 88. Für die Ärmel nehmen sie nun die Länge ihres Oberarmes bis zum Ellenbogen und nähen einfach einen relativ engen Halbärmel, an den sie unterhalb des Ellenbogens einen Stoffstreifen ansetzen. Die Länge des Stoffstreifens hängt ganz von ihrem persönlichen Geschmack ab. Als Faustregel mag gelten: Je schmaler, desto später die Tracht (Abb.93).

Abb. 91
grundlegende Schnittmuster und Beispiel

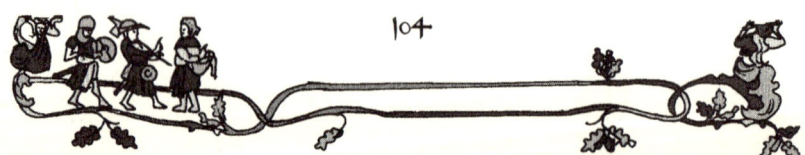

104

c + e + f

c

Abb. 92

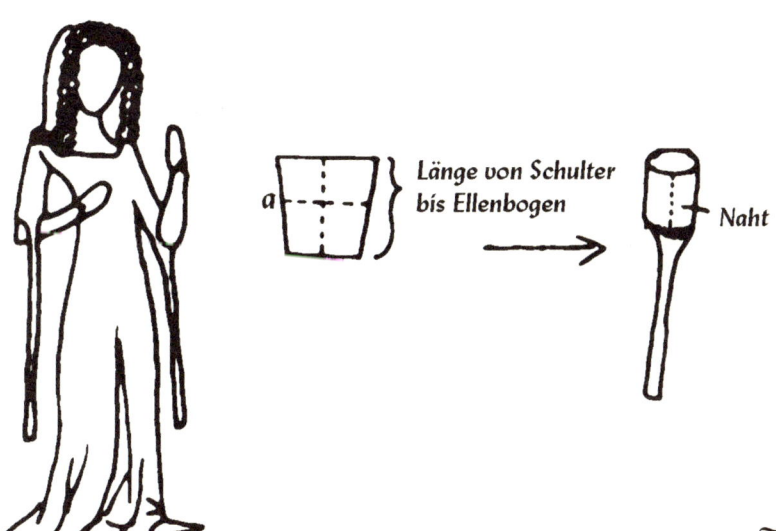

a

Länge von Schulter
bis Ellenbogen

Naht

Abb. 93

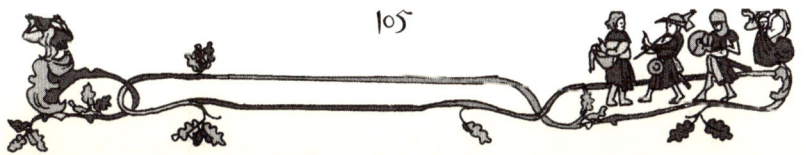

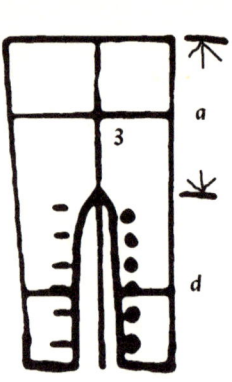

**Abb. 94**

Diese Stoffstreifen bekommen gegen Ende des Jahrhunderts einen gezaddelten Rand. Leider sind solche Zaddelungen zwar prächtig, aber sehr aufwändig zu nähen. Sie müssen an die geraden Kleidersäume zungen-, zinnen- oder eichblattförmige Stoffstreifen vor dem eigentlichen Zuschnitt ansetzen (Abb. 95). Besonders Eichblattzaddeln lassen sich beinahe nur noch mit Hilfe eines Stickprogrammes einer Nähmaschine oder eben von Hand nähen. Wie alle einsehbaren Ärmel oder Gewandteile, müssen die Zaddeln natürlich gefüttert werden, was den Nähaufwand nochmals erhöht. Dennoch gehört ein gezaddeltes Kleid zu den prunkvollsten Erscheinungsformen der Mode des späten 14. und frühen 15. Jahrhunderts und lohnt den Aufwand sicher.

oder

oder

**Abb. 95**

Abb. 96

## Burgundische Mode

Im 15. Jahrhundert entwickelten sich immer stärker Nationaltrachten, die sich zwar gegenseitig durchaus anregten, aber dennoch eine Gesamtbetrachtung der Mode schwierig machen. Während Frankreich im Hundertjährigen Krieg hinter England zurücktreten musste, kam der burgundische Hof zu Ruhm und Ansehen. Hier lebten die Moden des Spätmittelalters auf und erreichten eine in Nordeuropa unvergleichliche Blüte. Die burgundischen Gebiete waren die städtereichsten des 15. Jahrhunderts und Handwerk und Handel blühten wieder nach dem langen Krieg.

Während aber in Italien bereits eine ausgeprägte bürgerliche Renaissancekultur herrschte, hielten die burgundischen Herzöge an der aristokratischen Zentralgewalt fest. Doch auch sie konnten den Aufstieg der Städte nicht unterbinden und das Herzogtum zerfiel schließlich in seine Provinzen.

Trotzdem blieb der burgundische Hof mehr als ein Vierteljahrhundert lang prägend für die Staatskleidung der westeuropäischen Höfe. Zunächst waren auch die burgundischen Kleider eher lose geschnitten, aber bald erhielten sie den für die burgundische Mode typischen Schnitt: Die Taille saß relativ hoch und die Kleider hatten ein spitz zulaufendes Dekolletee, das oft mit breiten, reversähnlichen Krägen betont

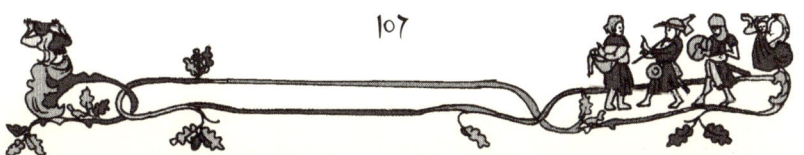

**Abb. 97**

wurde. Ein Stoffgürtel, der das Kleid raffte, fasste den Kragen an seinem unteren Ende zusammen (Abb. 96). Die Dekolletees der älteren Frauen waren dabei etwas weniger offenherzig als die der jüngeren. Der Rock war ausgesprochen weit und faltenreich.

Die Länge der Kleiderschleppen wurde durch das strenge Hofzeremoniell genauestens festgelegt. Auch wer sich von wem die Schleppe tragen lassen durfte war reglementiert: Allein der Herzogin stand es zu, ihre Schleppe von einer Hofdame tragen zu lassen; Gräfinnen und Baronessen wurde ein Page zugestanden.

Um das Jahr 1467 begannen die burgundischen Damen aber auf die Schleppe zu verzichten und verzierten stattdessen die immer noch langen Röcke durch einen breiten Pelzbesatz am Saum. Die Ärmelformen reichten vom Schleppenärmel über schmale, mit Manschetten verzierte, bis hin zu breiten Prunkärmeln. Unter den Robe oder Houppelande genannten Überkleidern trug man weiterhin einfache Kotten, die unter dem tiefen Ausschnitt der Houppelande zu sehen waren.

Das Haar wurde vollständig von der Haube bedeckt und nur die hoch ausrasierte Stirn blieb sichtbar. So spielte die Haube in Burgund die wichtige Rolle, die Attraktivität der Frau zu steigern und Aufmerksamkeit zu erhaschen, weswegen es nicht verwundert, dass die Formenvielfalt der Hauben fast unerschöpflich war.

In der Kleidung der Bauern begannen sich auch wieder Neuerungen zu regen. Die Bäuerinnen trugen nun Unterkleider und geschnürte Oberkleider. Ihre Kleider waren aus praktischen Gründen aber wesentlich kürzer als die des Adels und der hochgesteckte Rock wurde geradezu zu einer modischen Eigenart. Sehr oft trugen die Bauersfrauen weiße Schürzen, die sich mit der Zeit zu einem festen Bestandteil ihrer Tracht entwickelten (Abb. 98).

Ein typisch burgundisches Kleid lässt sich immer noch leicht aus dem Schnitt in Abbildung 88 zuschneiden. Lediglich die Ausschnittform verändert sich. Außerdem sollte man den Sitz nicht mehr knapp, sondern sehr großzügig berechnen, da man die Robe als loses Überkleid trägt. Am Ausschnitt sollte man immer ein auffälliges Revers anbringen.

Eine andere Version ist das vor der Brust zu schnürende Überkleid aus Abbildung 99. Hier sollten sie den Stoff für das Oberteil sehr knapp berechnen, da es einen

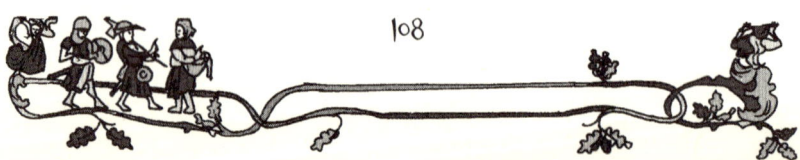

Abb. 98

hübschen Kontrast ergibt, wenn das darunter liegende Kleid durchblitzt. Seltener sieht man auch lose, ungegürtete Überkleider mit spitzen oder runden Ausschnitten, deren Schnittmuster sich aus Abbildung 99 (a und b) ergeben.

Die Ärmel der Überkleider sind meist fest vernäht, in ihrer Form aber sehr vielfältig. Ob halblange Ärmel, bis zu den Handrücken reichende lange, schmale Ärmel mit Manschetten oder offene, manchmal bis zum Boden reichende Prunkärmel, allein der Geschmack der Trägerin entscheidet.

Unter den aufwändigen Überkleidern trägt man weiter ein einfaches, geschnürtes Kleid von schmalem Schnitt mit weitem Rock, das nach dem Schnitt in Abbildung 87 und 88 gearbeitet werden kann. Farblich sollten Unter- und Überkleid kontrastieren oder geschmackvoll aufeinander abgestimmt sein, um den gewünschten eindrucksvollen Effekt zu erzielen.

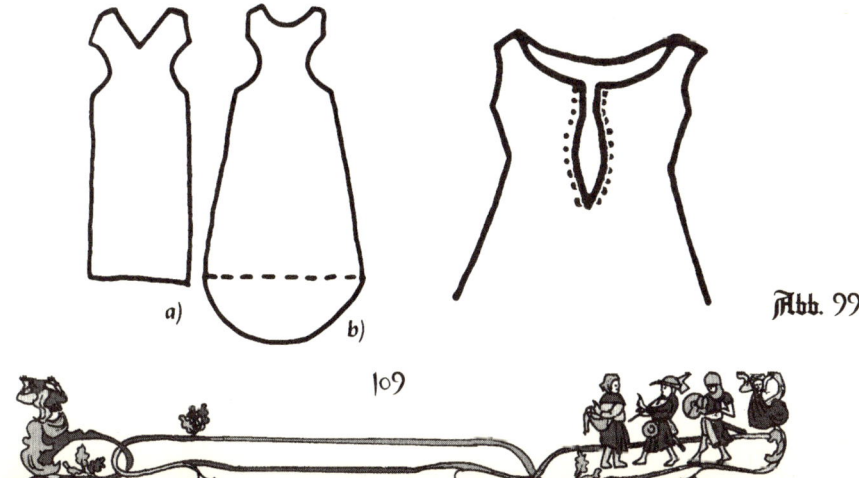

a)

b)

Abb. 99

109

**Deutſchland**

Zur Blütezeit der burgundischen Mode gab es in Deutschland keinen vergleichbar
einflussreichen Fürstenhof und so imitierte man weiterhin die modischen Formen der
westlichen Nachbarn. Die Kleider wurden weiter vorn oder an den Seiten geschnürt,
seltener auf dem Rücken. Die Formen des Oberkleides gleichen im Wesentlichen denen
des burgundischen Hofes, aber zwei, anscheinend originär deutsche Sonderformen
fallen auf. Eine ist ein Kleid mit einem runden, auf den Schultern aufliegenden
Ausschnitt, das unter der Brust einen Einsatz hat, der in mehrere Röhrenfalten gelegt
wird (Abb. 100). Die andere Sonderform ist ein sehr loses Überkleid mit einem breiten
Umlegekragen, das mit Hilfe einer Brosche über der Brust gerafft wird (Abb. 101).

Für das Kleid aus Abbildung 100 benötigen sie dieselben Maße wie für den Schnitt in
Abbildung 88, allerdings wird aus dem Vorderteil ein etwa 8-10 cm breiter Stoffstreifen
entfernt (vgl. Abbildung). Gleichzeitig schneidet man aus demselben Stoff eine
mindestens 50 cm breite Stoffbahn zu, die auf den oberen 15 cm in feine Falten gelegt
wird. Diese Falten werden am oberen Rand der Stoffbahn und 15 cm darunter noch
einmal durch eine Naht fixiert. Anschließend wird die Bahn in das Kleid eingepasst
und vernäht. Bei der Wahl der Ärmel kann man sich von seinem persönlichen
Geschmack leiten lassen und sich zwischen den bereits in diesem Kapitel beschriebenen
Ärmelformen entscheiden.

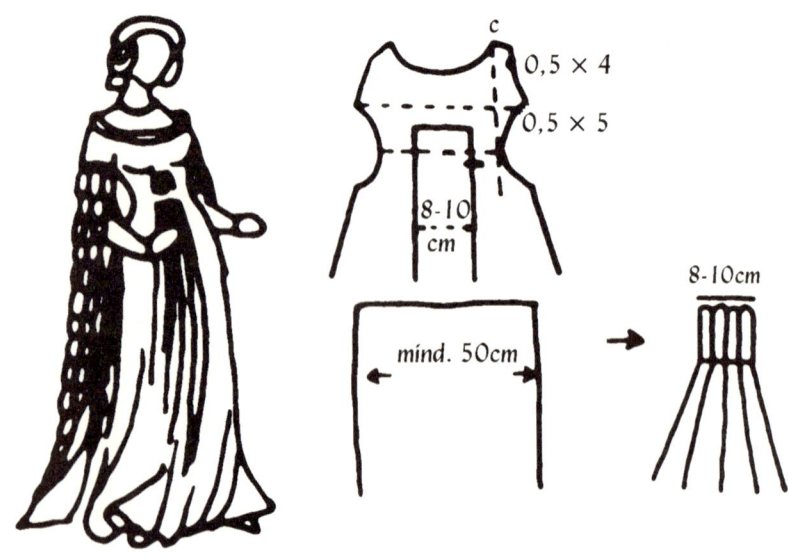

**Abb.** 100

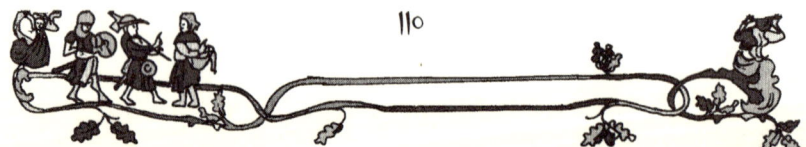

Beim in Abbildung 101 wiedergegebenen Schnittmuster muss man beachten, dass hier nur die jeweils halbe Vorder- bzw. Rückseite gezeigt wird. Das Vorderteil des Kleides fällt sehr lose und wird beim Vernähen mit dem Kragen gerafft. Dieser besteht aus einem breiten, bestickten Stoffstreifen oder einer Borte die auf ein Stoffstück genäht wurde. Der Streifen muss an den Enden spitz zulaufen und so lang sein, dass er die Schultern eng umschließt, da das Kleid nur durch diesen Kragen gehalten wird.

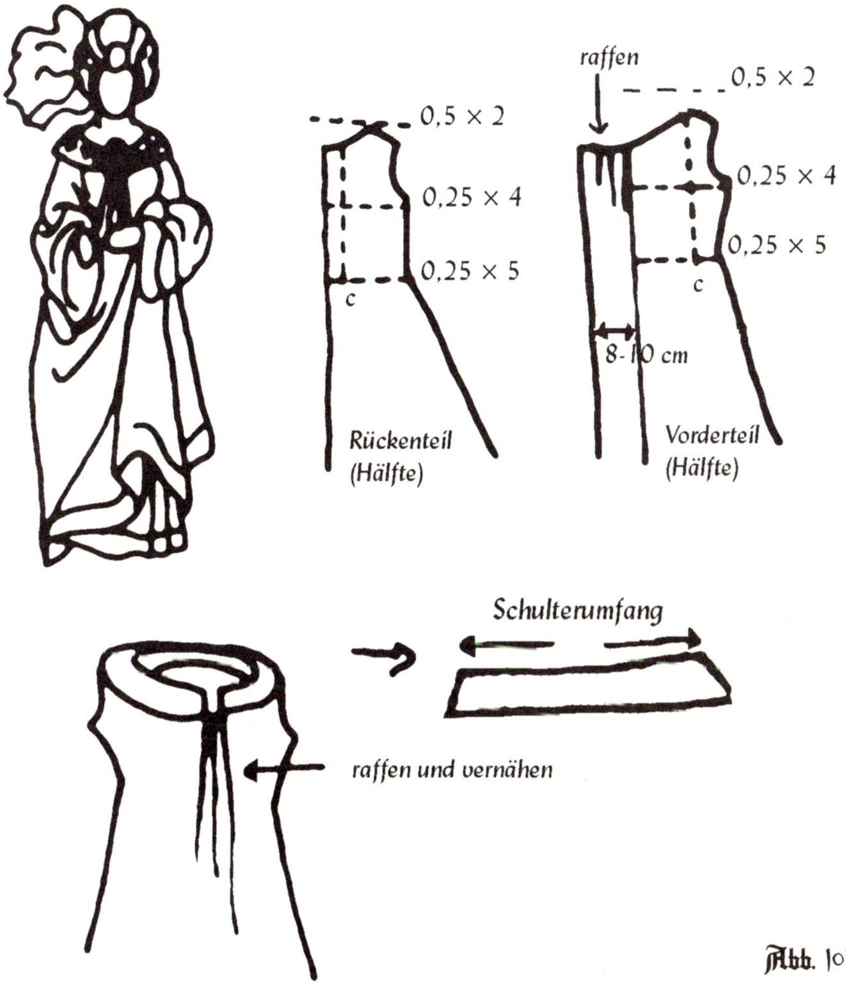

raffen

$0,5 \times 2$

$0,5 \times 2$

$0,25 \times 4$

$0,25 \times 4$

$0,25 \times 5$

$0,25 \times 5$

c

c

8-10 cm

Rückenteil
(Hälfte)

Vorderteil
(Hälfte)

Schulterumfang

raffen und vernähen

Abb. 101

111

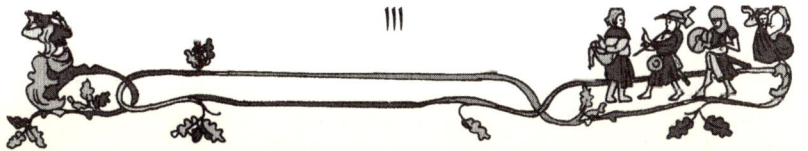

Abb. 102

Eine weitere Sonderform, die vor allem von älteren Frauen in norddeutschen Gegenden geschätzt wurde, ist in Abbildung 102 zu sehen. Das Oberteil ist mit einem dreieckigen Ausschnitt versehen (s. Abb.99), der allerdings nicht sehr tief und recht schmal ist. Der Kragen wird durch einen Besatzstreifen betont. Derselbe Besatz wiederholt sich an den oben offenen, nur durch Manschetten zusammengehaltenen Ärmeln.

### Die italienische Frührenaissance

In Italien bildete sich schon relativ früh eine bürgerliche Kultur in den aufstrebenden Städten und die Fortschritte in Handwerk und Handel begünstigten die Entstehung der Renaissance, die die Errungenschaften der Antike wieder aufleben lassen wollte. In Anlehnung an das vermeintlich antike Ideal verschwanden die übermäßig engen Taillen und extrem langen Schleppen aus der italienischen Mode. Die Taille der Kleider rutschte bis unter die Brust und die Oberteile wurden geschnürt (Abb.103). So vollzog sich langsam eine Trennung des Kleides in Rock und Mieder, die nur noch durch Nestelschnüre miteinander verbunden waren. Auch die Ärmel, die manchmal an den Ellenbogen geteilt und zudem noch geschlitzt waren, wurden nur durch Nestelschnüre gehalten. Die Röcke reichten zwar noch bis zum Boden, hatten aber keine Schleppen mehr. Das Dekolletee entblößte Schultern und Brustbereich und ließ die feinen Leinenhemden sehen, die als Unterwäsche getragen wurden. Über dieses Kleidern trug man ärmellose Überkleider, die hoch unter der Brust gegür-

Abb. 103

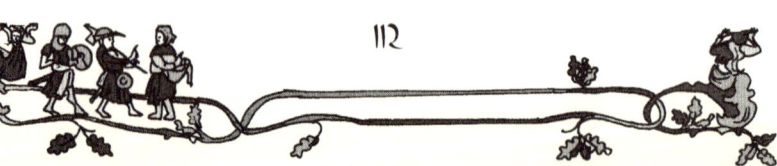

tet wurden und vorn in zwei Stoffbahnen zerfielen, damit bei jedem Schritt das Kleid sichtbar wurde (Abb.104).

Im Gegensatz zur burgundischen Mode wurde das Haar in Italien nur wenig bedeckt. Feinste, durchsichtige Schleier, Netze und Bänder schmückten das gescheitelte und aufgesteckte Haar.

Ein in Italien erfundenes Accessoire war das Taschentuch, das zunächst nur modisches Beiwerk war, aber auch hygienische Zwecke erfüllen konnte. Auch eine italienische Erfindung war die Sitte, mehrere Unterhemden zu besitzen, diese abwechselnd zu tragen und sogar häufiger zu waschen. Aus dieser Sitte heraus entstand das Nachthemd, obwohl vielerorts, wie durch das ganze Mittelalter hindurch, weiter nackt geschlafen wurde.

Abb. 104

Bei Kleidern und Unterkleidern der italienischen Renaissance sitzt die Taille sehr hoch, worauf man achten muss, um einen einwandfreien Sitz zu erhalten. Am einfachsten ist es, wenn die Unterkleider am Rücken durch eine Schnürung geschlossen werden. Der runde Halsausschnitt kann je nach Verwendungszweck des Kleides verkleinert oder vergrößert werden (Abb.105). Der Rock sollte durch bis unter die Brust reichende Keile so

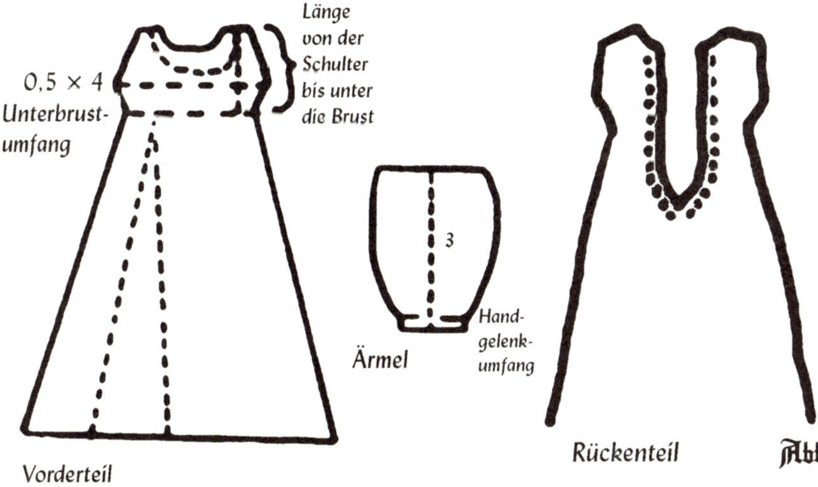

0,5 × 4 Unterbrustumfang

Länge von der Schulter bis unter die Brust

3

Ärmel

Handgelenkumfang

Vorderteil

Rückenteil

Abb. 105

erweitert werden, dass er glockig fällt. Das darüber getragene Kleid ist von ähnlichem Zuschnitt, nur sind die Ärmel hier sehr viel enger und nur genestelt (Abb. 106).

Da die Röcke bei den meisten italienischen Kleidern sehr weit und glockenartig fallen sollen, ist es sinnvoll, sie getrennt vom Miederoberteil zuzuschneiden und erst später daran festzunähen. Vernäht man Rock und Mieder allerdings nicht miteinander, trägt man der Kleiderentwicklung des späten 15. Jahrhunderts Rechnung und man kann so zudem noch verschiedene Einzelteile frei miteinander kombinieren. Dasselbe gilt natürlich auch für angenestelte Ärmel.

In Abbildung 106 finden sich drei verschiedene Vorschläge für Ärmelformen. Für Ärmel 1 werden zwei separate Teile zugeschnitten und zu Ärmelröhren vernäht und anschließend durch Schnürungen miteinander und mit dem Kleid verbunden.

Bei Ärmelvorschlag 2 wird einer der beiden Teile so zugeschnitten, dass mindestens zwei Zentimeter entlang des Unterarms unbedeckt bleiben. Dieses Stück wird durch Schnürungen zusammengehalten und lässt das Hemd sichtbar werden.

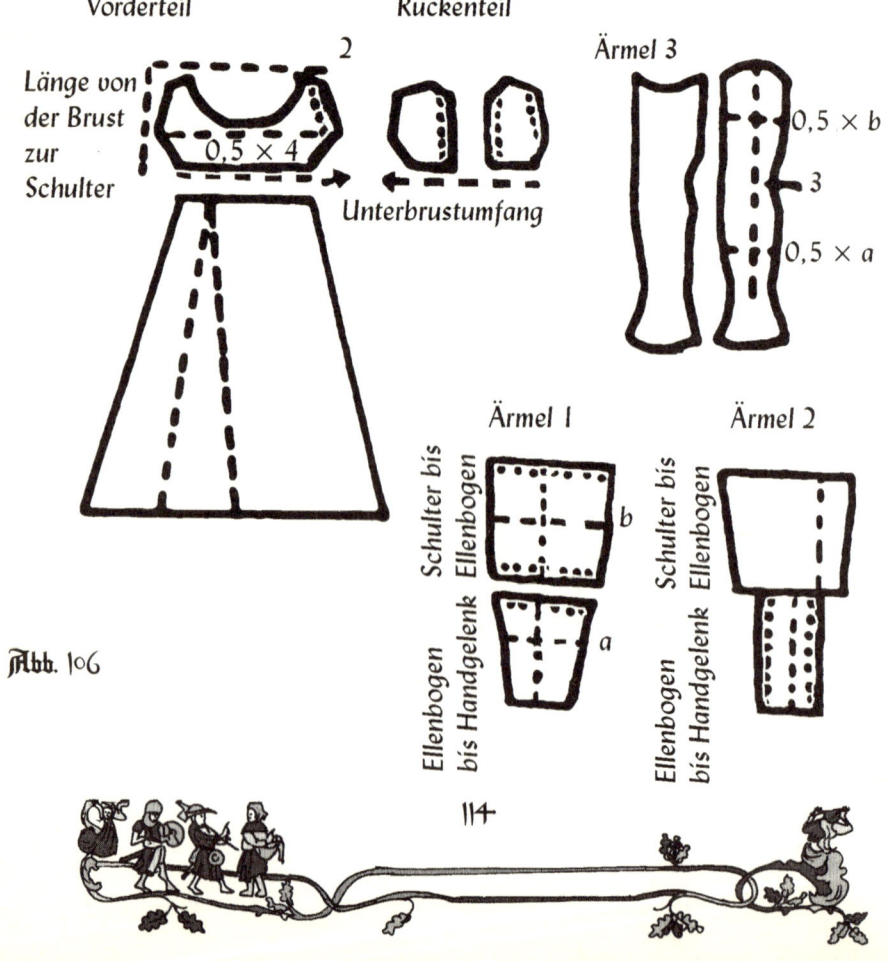

Abb. 106

Der dritte, sehr enge Ärmel wird fest am Kleid angenäht und hat eine lange Manschette, die bis über den Handrücken reicht.

Darüber trug man natürlich noch Überkleider. Oft sieht man eine Form des Überkleides, die der des eigentlichen Kleides sehr gleicht, bis auf die Schlitzung des Vorderteiles des Rockes, die das Kleid sehen lässt. Diese Überkleider sind meist ärmellos. Falls sie dennoch mit Ärmeln versehen werden, sollte man sehr weite Prunkärmel wie in Abbildung 102 wählen oder lediglich an den Schultern angenestelte, offene Schleppenärmel, sogenannte Scheinärmel (Abb.107). Eine andere Form des Überkleides wirkt auf uns heute eher mantelartig. Ungegürtet und unge-schnürt getragen, gleicht diese Form eher einer

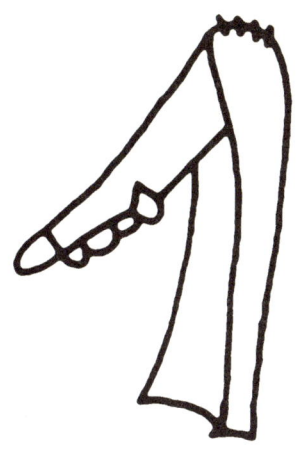

Abb. 107

Art langen Weste, an die sehr wohl Prunkärmel angenestelt werden können (Abb.108). Diese „Weste" sollte ebenso lang sein wie das Kleid aber keine Schleppe haben. Ver-schlossen wird das Kleid durch Ösen oder eine Reihe von Knöpfen und Schlingen.

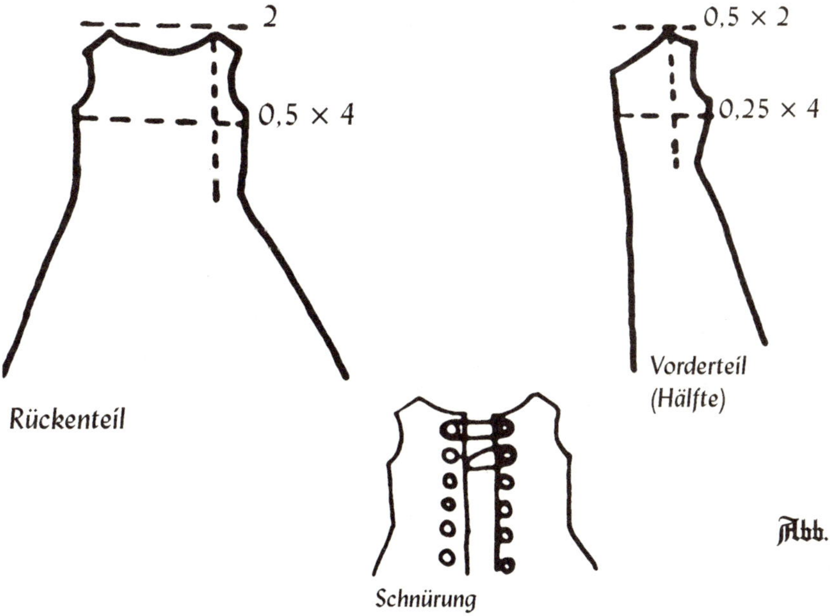

2

0,5 × 4

Rückenteil

0,5 × 2

0,25 × 4

Vorderteil (Hälfte)

Abb. 108

Schnürung

# Unterwäsche

Für den hier behandelten Zeitraum des Mittelalters bleibt zum Thema Frauenunterwäsche nicht viel zu sagen: Man trug keine! Für Männer waren zwar Unterhosen bekannt, doch Frauen erachtete man als unsauberes Geschlecht, bei dem der Wind frei von oben und unten durch die Kleider fahren müsse, um Dämpfe zu vertreiben. Dass sich diese Meinung bis in die Renaissance hielt, geht aus einer Anekdote hervor, in der sich ein Mann beschwert, dass Frauen auf Reisen im Winter Pelzunterhosen trügen und ihnen dies wegen mangelhafter Luftzirkulation verboten werden müsse. Um die Mitte des 16. Jahrhunderts waren in Italien knielange Unterhosen bekannt und durch Maria di Medici wurden sie um 1600 schließlich auch in Frankreich eingeführt, konnten sich dort aber nie richtig durchsetzen. Bis zum Beginn des 19. Jahrhunderts trugen die Frauen nun keine Unterhosen mehr. Höchstens unter Reitkleidern oder bei Tänzerinnen fand dieses Wäschestück Verwendung.

Auch Büstenhalter oder die Brüste stützende Mieder waren im Mittelalter unbekannt. Sobald die Kleider einen engeren Zuschnitt erhielten oder geschnürt wurden, dürfte dies als Stütze genügt haben. Davor wurde vielleicht mit Leinenbinden nachgeholfen (Abb.43), allerdings fehlen für diese Praxis eindeutige Belege. Auch bei der Monatshygiene dürften Leinenbinden zum Einsatz gekommen sein.

Das hier Erwähnte bedeutet nun nicht, dass die moderne Leserin in ihrem Streben nach Authentizität ihre mittelalterlichen Vorbilder in allen Kleinigkeiten imitieren müsste: Moderne Monatshygiene und Unterwäsche gehören zu einem Komfort, auf den man nicht mehr verzichten sollte.

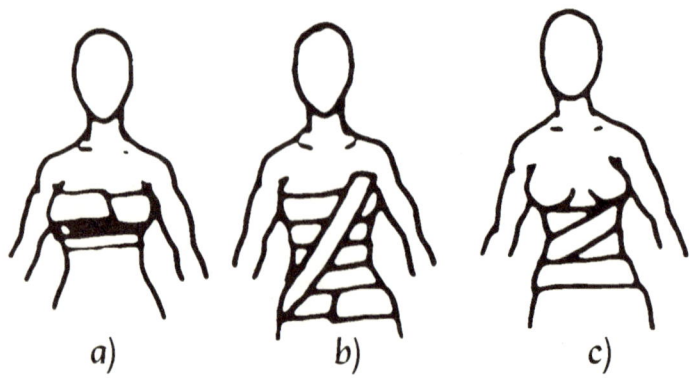

a)                    b)                    c)

Abb. 109

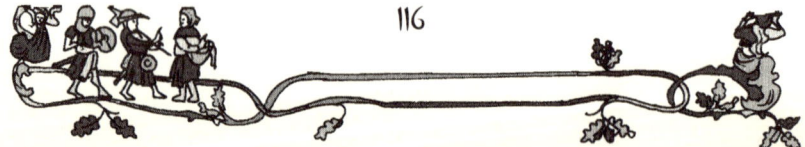

# Schleier– und Haubenformen

Nachfolgend einige Schleier- und Haubenformen als Umrisszeichnung mit Erläuterung.

## Gugelförmige Haube

Vergleichen sie hierzu den Schnitt zur Gugel aus dem Kapitel über die Männerkleidung des 14. Jahrhunderts. Die Gugelhaube darf am Hinterkopf nicht vernäht werden. Stattdessen bringt man nur Leinenfäden oder -streifen an, mit denen man die Gugelhaube schließen kann.

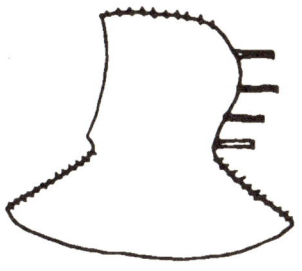

Abb. 110

## Schleiertuch, 11. Jahrhundert

Dieses Tuch besteht aus einem gut 1 bis 1,5 m langem und ca. 40 bis 50 cm breiten Tuchstreifen, der in mehreren Falten um Kopf und Hals gelegt wird.

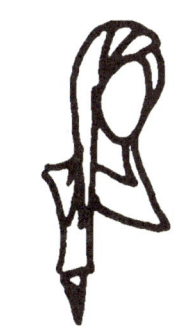

Abb. 111

## Schleier, 13. Jahrhundert

Sie benötigen zunächst eine sehr eng anliegende Gugelhaube. Darüber trägt man einen Schleier von ungefähr ovalem Zuschnitt, wie in der nebenstehenden Zeichnung zu sehen. Die Länge des Schleiers hängt vom persönlichen Geschmack ab, aber er sollte mindestens bis über die Schultern reichen. Gehalten wird der Schleier durch einen Reif aus Stoff oder Metall.

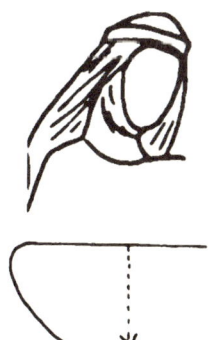

Abb. 110

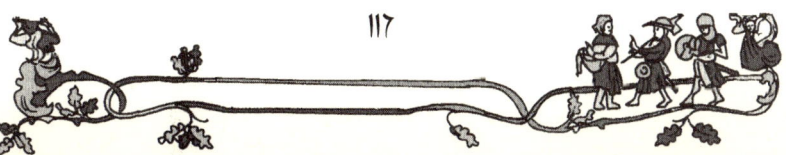

**Abb. 113**

### Haube, 13. Jahrhundert

Auch hier benötigen sie eine gut sitzende Gugel-haube, die jedoch am Hinterkopf vernäht ist und stattdessen am Hals verschlossen wird. Über der Haube trägt man einen kleinen Hut, der den Pillboxes der 50er-Jahre ähnelt. Am Besten stellt man ihn aus einem breiten Leinenstreifen her, der dem Kopfumfang entspricht und den man mit Pappe oder Filz verstärkt. Der Hut braucht natürlich noch einen ovalen Deckel und einen schmückenden Reif, den man außen um den Hut legt.

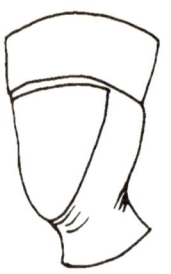

### Schleier, 13. Jahrhundert

Hier zu benötigen sie eine um das Gesicht herum lose sitzende Gugelhaube. Die Stirn wird durch einen an die Haube angenähten Stoffstreifen oder ein zusätzliches Käppi verdeckt. Das darüber getragene Schleiertuch muss durch Nadeln an Ort und Stelle gehalten werden.

**Abb. 114**

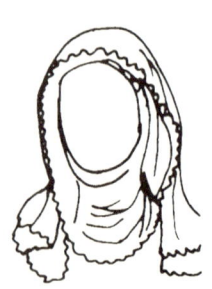

### Rise und Kruseler

Die Rise ist im Grunde genommen eine Gugel-haube, die über das Kinn reicht und deren unterer Saum gekräuselt oder mit Spitze besetzt wird. Der Kruseler ist ein Schleiertuch, dessen Ränder ebenfalls gekräuselt oder mit mehreren Legen Spitze geschmückt werden.

**Abb. 115**

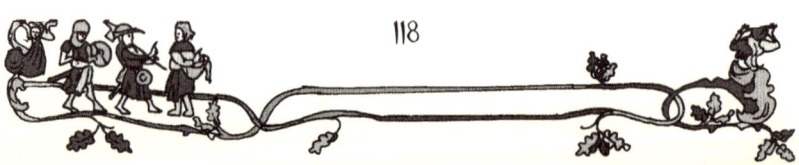

## Gebende, 14. Jahrhundert

Ein gestärkter Leinenstreifen, der am oberen Rand gekräuselt oder mit Spitze besetzt ist, wird in Stirnhöhe um den Kopf gelegt. Ein zweiter Streifen umschließt das Kinn und lässt das Haar frei über den Rücken fallen.

Abb. 116

## Hut und Schleier, 15. Jahrhundert

Über einer losen Gugelhaube trägt man ein rechteckiges Schleiertuch. Darüber wird noch ein Jagdhut gestülpt, der im Mittelalter meist aus Leder gefertigt war und mit Federn geschmückt wurde.

Abb. 117

## Hörnerhut, 15. Jahrhundert

Zunächst muss man einen hohen, stumpfkegelförmigen Hut aus Filz von mindestens 30 cm Höhe herstellen, den man mit einem feineren Stoff beziehen kann. Als nächstes benötigt man einen langen, ausgestopften Stoffwulst. Um diesen möglichst prächtig zu gestalten, kann man den Wulst mit einer Borte umwinden. Der Stoffwulst wird nun so an den Hut genäht, dass er über Stirn und Nacken eine Spitze bildet und sich über den Ohren hornartig erhebt. Der Hut kann mit Haarnadeln oder einer Kinnbinde fixiert werden.

Abb. 118

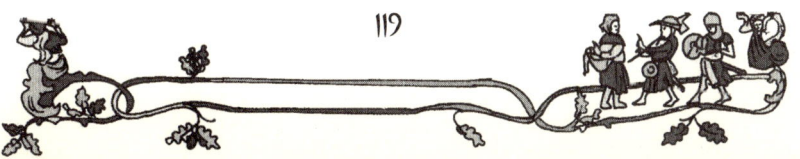

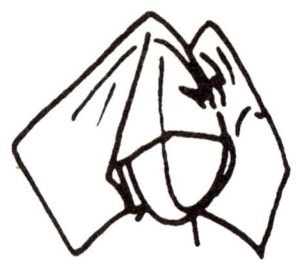

**Haube, 15. Jahrhundert**
Über einer eng sitzenden Gugelhaube wird ein steif gestärktes, rechteckiges Schleiertuch in Form gebracht und durch Nadeln verstärkt.

**Abb. 119**

**Hut, 15. Jahrhundert**
Auch hier handelt es sich wie bei der Hörnerhaube um einen stumpfkegelförmigen Hut, der genauso wie der bei der Hörnerhaube verwendete hergestellt werden kann. Dieser Hut benötigt allerdings eine Kinnbinde für den richtigen „Look" und um ihn sicher auf dem Kopf zu halten.

**Abb. 120**

**Hennin, 15. Jahrhundert**
Die Hennin ist ein ca. 40 bis 50 cm hoher Kegel aus Pappe oder Filz, der mit einfarbigem Stoff bezogen wird. Der breite Tuchstreifen, der an der Stirn vernäht ist und den modisch rasierten Haaransatz bedeckt, wird Mandril genannt. Von der Spitze des Kegels hängt ein Schleier, der Flinder, herab, der manchmal bis zum Boden reicht.
Auf Abbildungen fällt auf, dass die Hennin nie in Verbindung mit einer Kinnbinde getragen wurde. Daraus lässt sich schließen, dass dieser auffällige Hut vollständig durch Haarnadeln gehalten wurde.

**Abb. 121**

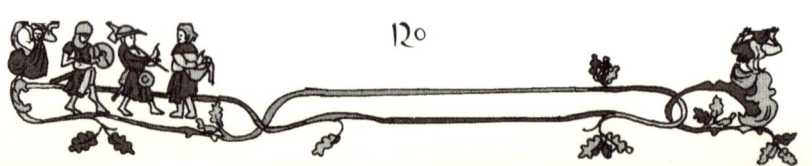

# Materialkunde

*Text von Xenia Krämer*

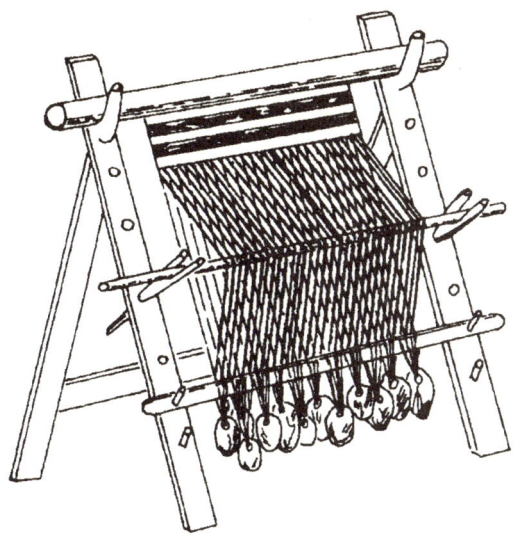

Abb. 122

Die Entwicklung der Mode ist immer von den zur Verfügung stehenden Materialien abhängig oder wird zum Teil sogar völlig von ihnen bestimmt. Dennoch schweigen sich die meisten kostümkundlichen Werke über dieses Thema aus. Hier soll nun kurz auf die Entwicklung der Textilien der historischen Trachten eingegangen werden.

Oft stellt sich auch die Frage, ob für historische Gewandungen verwendbare Stoffe heute noch verfügbar sind oder durch welche modernen Textilien man sie gegebenenfalls ersetzen kann. Diese und vor allem die wichtigste Frage, wo man die erwähnten Tuche erwerben kann, sollen hier kurz beantwortet werden.

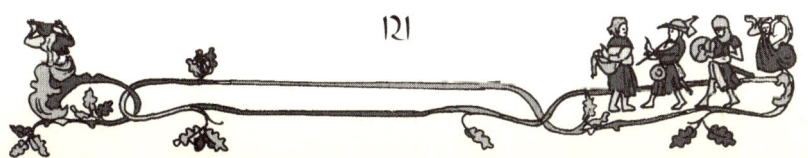

## Steinzeit

Für die Altsteinzeit haben sich keinerlei Beweise einer aus gesponnenen Fäden gewebten Kleidung erhalten. Höhlenmalereien lassen vielmehr darauf schließen, dass die Menschen dieser Zeit die Felle erlegter Tiere als Kleidung trugen.

Immerhin haben sich aber Abdrücke gedrehter Seile und geflochtener Matten erhalten. Im Übergang zur Jungsteinzeit (ab ca. 5.000 v.Chr.) entwickelte sich dann die Technik des Webens. Etwa zu dieser Zeit begannen die Menschen mit der Haustierhaltung und entdeckten vermutlich bald, dass man das Haarkleid der Tiere nutzbringend verwenden konnte, ohne ihnen das Fell über die Ohren zu ziehen. Gefundene Stoffreste geben zwar Auskunft über die Weiterentwicklung der Webkunst, dennoch wissen wir nur sehr wenig über die Form und das Aussehen der eigentlichen Kleidung. Erhaltene Tonstatuetten sind praktisch ausschließlich Fruchtbarkeitssymbole und als solche nackt, auch wenn sich an ihnen manchmal die Andeutung von Lendenschurz und Brustbinde findet.

## Bronzezeit

Für die Bronzezeit (ab ca. 1.600 v.Chr.) bessert sich die Fundlage. Aus Grabhügeln der frühen Bronzezeit in Dänemark wurden eine Reihe von gut erhaltenen Männer- und Frauengewändern geborgen. Sie bestehen aus Wolle, die noch heute Rückschlüsse auf die damals gezüchteten Schafrassen erlaubt. Neben den feinen Wollhaaren enthält diese Wolle noch harte Stichelhaare, wie man sie bei Rentieren oder Wildschafen, nicht aber bei heutigen domestizierten Schafrassen findet.

Die Verarbeitung der Wolle am Webstuhl brachte verschiedene Qualitäten hervor. Pauschal gesprochen waren bronzezeitliche Gewebe aber lockerer und gröber als die der späteren Eisenzeit.

Manchmal wob man in die Außenseite von Kappen und Mänteln Wollzotteln mit ein, die eine fellähnliche Struktur ergaben. Mit Hilfe komplizierter Flechtverfahren stellten die Menschen der Bronzezeit auch Gürtel und Haarnetze her und daneben verfügten sie schon über eine recht ausgefeilte Nähtechnik, wenn man die erhaltenen Kleidungsstücke genauer betrachtet.

Neben der Wollkleidung konnten auch leinene Kleidungsstücke, allerdings nur indirekt, nachgewiesen werden.

## Hallstattzeit

Die ältere Eisenzeit (ab ca. 750 v.Chr.) hat leider nur wenig an Textilienfunden zu bieten. War der Zufall den Forschern im Falle der dänischen Hügelgräber noch gnädig, blieb ihnen ein ähnlicher Glücksfall für diese Epoche bislang noch versagt.

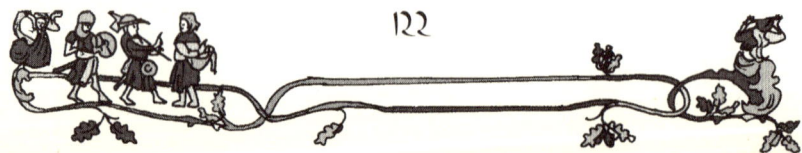

122

Schlussfolgernd lässt sich aber sagen, dass auch in dieser Epoche Wolle und Leinen, Leder und Pelzwerk verarbeitet wurden.

## La—Tène—Zeit

Ähnliches kann man für die jüngere Eisenzeit (450 v.Chr. bis Christi Geburt) oder La-Tène-Zeit im größten Teil Europas unterstellen. Leider lassen sich über die genaue Art der keltischen Textilien und der ihrer Nachbarn nur wenige Aussagen machen, da die vorherrschende Sitte der Brandbestattung dafür sorgte, dass sich in Gräbern so gut wie keine Textilreste finden. Eine gewisse Hilfe stellen hier die Berichte antiker Schriftsteller dar, die immer wieder die auffälligen und bunten Muster der keltischen Kleidung betonen.

## Textilien der Kelten und Germanen der Kaiserzeit

Sichere Erkenntnisse über die germanische Kleidung besitzen wir erst mit dem Zeitraum um Christi Geburt. Eine Reihe von Funden aus Mooren in Norddeutschland und Dänemark belegt eine hoch entwickelte Wolltuchherstellung. Die Gewebe wurden vermutlich, wie in vorhergehenden Jahrhunderten, von den Frauen in Heimarbeit hergestellt. Einzelne Fundstücke erreichen jedoch eine solche Qualität, was Feinheit und Verarbeitung angeht, dass man eine beginnende Spezialisierung der Webkunst annehmen kann.

Die Wolle wurde gefärbt (vor allem Blau- und Rottöne) oder nach natürlichen Farbschattierungen sortiert (hellbraun bis schwarz) und in kontrastierenden Mustern verarbeitet.

Durch die Vielzahl von Webarten (Fischgrat-, Diamant-, Köperbindung) erzielte man gemusterte Stoffe und durch die neue Erfindung der Brettchenweberei konnte man feste Bänder oder sogar Gürtel aus Stoff herstellen.

Die Bedeutung der Leinenkleidung scheint allmählich zugenommen zu haben, allerdings macht die geringere Haltbarkeit von Leinen gegenüber Wolle Funde selten.

Leder und Pelze wurden weitaus weniger verwendet, als man sich dies allgemein vorstellt. So zeigen römische Reliefs Germanen durchweg in Stoffkleidung. Bestenfalls wärmende Überbekleidung und Schuhe, die direkt der Witterung oder erhöhter Beanspruchung ausgesetzt waren, wurden aus Pelz oder Leder hergestellt.

Allgemein gesprochen lässt sich in antiker Zeit eine zunehmende Verbesserung der Textilqualität feststellen. Die Stoffe der Kelten und Germanen brauchten dabei nicht den Vergleich mit Produkten aus dem Mittelmeerraum zu scheuen. Im Gegenteil, Römer und Griechen importierten sogar Stoffe aus den Ländern jenseits der Alpen und den keltischen Gebieten.

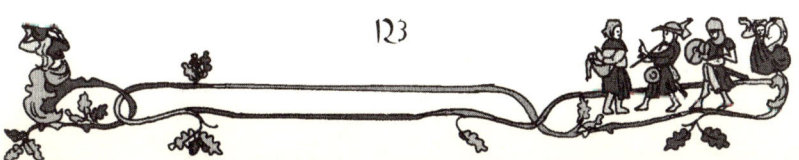

# Griechenland

Die Entwicklung der Textilherstellung bei den Griechen und Römern ist stärker als bei den Nordeuropäern durch den Kontakt zu den Zivilisationen des Orients bestimmt. In den kälteren nördlichen Regionen wurden außerdem ganz andere Anforderungen an die Kleidung gestellt, als im milden Mittelmeerraum.

Über die Kleidung der frühen Griechen ist nur wenig bekannt. Sie bestand, literarischen Quellen zufolge, wahrscheinlich aus einem rechteckigen Wolltuch, das um den Körper geschlungen wurde. Bei den Männern war es relativ kurz und wurde Chlaina genannt, bei den Frauen war es länger und trug den Namen Peplos.

In früharchaischer Zeit (ca. 800-600 v.Chr.) trugen die Männer bereits Leinenkleidung wie den kurzen Chiton und aus der weiterhin wollenen Chlaina entwickelte sich ein Mantel. In spätarchaischer Zeit, ab dem sechsten Jahrhundert vor Christus, verlängerte man den Chiton und plissierte ihn, d.h. man legte das Gewebe in Falten. Seit dieser Zeit fand er auch in die griechische Frauenkleidung Eingang.

In der klassischen Periode (448-336 v.Chr.) blieb die Kleidung schlicht, allerdings wurden nach den Eroberungszügen Alexanders des Großen (336-323 v.Chr.) und in hellenischer Zeit (330-30 v.Chr.) neue Stoffarten bekannt und beliebt, wie z.B. die Baumwolle aus Indien.

In Griechenland kam es nun zu größerer Prachtentfaltung, wobei man zwar die überlieferten Kleiderformen beibehielt, sie aber aus kostbareren Stoffen herstellte und aufwändiger verzierte. Die Bedeutung der Eigenproduktion von Textilien nahm ab und Handwerker begannen sich auf die Herstellung einfacher und auch kostbarer Stoffe zu spezialisieren.

Im Hellenismus wurden farbige Stoffe und Gewänder, die durch Webmuster verziert waren, beliebt. Mit Karawanen, die teilweise jahrelang unterwegs waren, wurde aus China Seide importiert, die meist in Mischgeweben, seltener in reiner Form, vor allem auf der Insel Kos verarbeitet wurde.

Obwohl man auch in Griechenland selbst Flachs anbaute, importierte man besonders feine Leinenstoffe aus Ägypten. Einer dieser ägyptischen Stoffe trug den bezeichnenden Namen „Leinener Nebel". Daneben kamen aus Ägypten noch golddurchwirkte Brokatstoffe.

Das Volk profitierte natürlich aus finanziellen Gründen nicht vom Stoffimport. Der Kleiderluxus erreichte die einfache Bevölkerung nicht, sodass man weiterhin Wolle und Leinen aus eigener Herstellung trug und sogar auf Kleidungsstücke aus Fell oder Leder zurückgreifen musste.

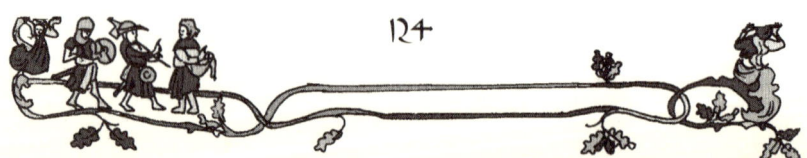

# Das Römische Reich

Die Kostümgeschichte Roms gliedert sich, grob der Geschichte des Staates folgend, in zwei Hauptabschnitte: Die Tracht der Republik (510-27 v.Chr.) und die der Kaiserzeit (27 v.Chr.-330). Zwischen diesen Abschnitten liegt jedoch keine scharfe Zäsur, sondern vielmehr ein fließender Übergang. In frührepublikanischer Zeit bestand die Kleidung meist aus weißen oder naturfarbenen Wollstoffen. Schmuck und kostbare Materialien wurden nur sparsam eingesetzt, um den Rang des Trägers deutlich zu machen. Dazu gehörte der Purpurstreifen, der die Kleidung der Senatoren kennzeichnete. Wesentlich früher als in der Männerkleidung setzte sich bei den Frauen das Leinen und mehrfarbige Kleidung durch.

Spätestens in der Kaiserzeit trugen aber auch die Männer buntere Kleidung und Importstoffe aus Griechenland belebten den römischen Markt. Tuche aller Art wurden mit aufwändigen Webmustern geschmückt und, durch das hochentwickelte Färberhandwerk begünstigt, entstanden regelrechte Farbmoden. Gegen Ende der Kaiserzeit waren Brokate bei den reichen Römern sehr beliebt. Manche dieser Stoffe waren so schwer, dass ihr Träger unter dem Gewicht seiner eigenen Kleidung gebückt und schwitzend einhergehen musste.

In einem Staatswesen wie dem Imperium Romanum, das in weiten Teilen von der Sklaverei abhängig war, wurden soziale Unterschiede naturgemäß in der Tracht der Bevölkerung deutlich. Adel und reiches Bürgertum trugen teuer eingeführte Brokate und feine Stoffe, der Kleinbürger und Sklave musste sich mit heimischem Flachs und Wolle begnügen.

# Byzanz

Im oströmischen Reich (ab ca. 400-1453) schließlich fanden kostbare Materialien ungehemmt Verwendung. Aber in einem Staat, der die Einzelheiten der Tracht jeder sozialen Schicht genau festlegte, wurden die Unterschiede zu den ärmeren Bevölkerungsteilen nur allzu deutlich. Einige Purpursorten blieben z. B. ausschließlich der kaiserlichen Familie vorbehalten und ihre Verwendung war anderen Personen bei Todesstrafe verboten.

Orientalische Einflüsse spielten eine wichtige Rolle in der reichgemusterten Kleidung der Byzantiner, die oft aus Seide hergestellt wurde. Unter Kaiser Justinian (527-565) wurde das Geheimnis der Herstellung dieses Materials von Mönchen unter Gefahr für Leib und Leben aus China herausgeschmuggelt. In Konstantinopel war man sich der Bedeutung dieses Geheimnisses sehr wohl bewusst und hütete es ebenso eifersüchtig wie in China.

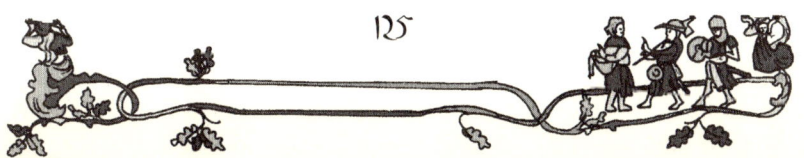

# Westeuropa unter den Franken

Mit der Entstehung des oströmischen Reiches bildete sich im Westen nahezu zeitgleich ein anderes Imperium, das unter der Herrschaft Karls des Großen schließlich seinen Höhepunkt erreichte. Obwohl Karl selbst, wie bereits erwähnt, die fränkische Tracht bevorzugte, konnte er seine Vorlieben nicht bei allen seinen Untertanen durchsetzen. Auch wenn der Handel mit dem Osten sich im Karolingerreich schwieriger gestaltete als in Byzanz, wurden hier orientalische und spätantike Einflüsse in der Mode doch vereinzelt spürbar.

Trotzdem blieb das fränkische Reich, was die Prachtentfaltung anging, hinter Ostrom zurück und farbig abgesetzte Webkanten und kostbare Borten blieben typisch für die Prunkentfaltung in der Kleidung des fränkischen Adels.

## Das 10. und 11. Jahrhundert

Über das 10. Jahrhundert schweigen sich kostümkundliche Werke gern aus, da sich in dieser Zeit nur wenig in der Kleidung ändert. Erst im 11. Jahrhundert, als der Aufstieg des Rittertums beginnt, fleißig Burgen gebaut werden und das Handwerk sich langsam vom Bauernstand löst, tut sich wieder etwas. Die Tuchherstellungstechniken verbessern sich und so werden für die, die zahlen können, antike Webmuster und Stoffvarianten wieder zugänglich, die unter den späten Karolingern etwas in Vergessenheit geraten waren. Man verwendete hauptsächlich einheimische Leinen- und Wollgewebe und die Kleidung wurde allgemein farbenfroher.

## Das 12. und 13. Jahrhundert

Im Laufe des 12. Jahrhunderts gelangte Frankreich zu einer Führungsposition in Europa. Französische Kultur und französische Mode gaben den Ton an. Der Aufstieg der Städte, die Gründungen der Universitäten und die Differenzierung des Handwerks beschnitt die Macht der Kirche und befreite auch die Mode von einigen Einschränkungen.

Im Zuge der allgemeinen Entwicklung, das Spinnrad wurde beispielsweise erfunden, verschwanden die hausgewebten Stoffe fast ganz aus der Gesellschaft des Hochmittelalters. Das Schneiderhandwerk entstand und unter Heinrich dem Löwen wurde 1152 einer der frühesten Gildebriefe für Schneider ausgegeben.

Was das einheimische Handwerk nicht liefern konnte, schaffte der Handel herbei. Seit dem 13. Jahrhundert stellte man in Italien Samtstoffe her. Seide kam aus Byzanz und kostbarer Damast aus Damaskus. Nordeuropäische Wolltuche wie der teure Scharlach wurden immer feiner.

Gemustert gewebte Stoffe blieben aber weiterhin fast unbezahlbar. Um hier Abhilfe zu schaffen entwickelte man in Köln im 12. Jahrhundert ein Druckverfahren mit

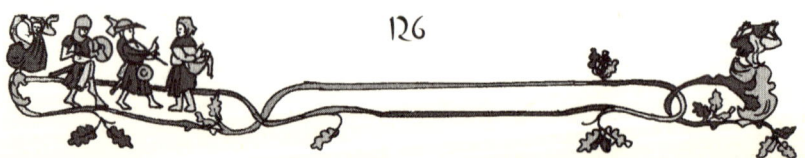

126

*Holzmodeln. Leider eignete sich das Verfahren des Zeugdrucks nur für Leinenstoffe, die in der Oberbekleidung des Mittelalters keine große Rolle mehr spielten.*

## Das 14. Jahrhundert

*Auch im 14. Jahrhundert änderte sich an den verwendeten Stoffen wenig, im Erscheinungsbild der Mode dafür umso mehr. Das Bürgertum wollte nun endgültig nicht mehr hinter den Fürsten zurückstehen und im Adel wurden immer wieder Stimmen laut, die sich beschwerten, dass selbst Fürsten und Prinzen nicht mehr an ihrer Kleidung zu erkennen seien. Die alteingesessenen, reichen Familien in den Städten wurden zu einer Art „Bürgeradel", den Patriziern.*

*Seit dem 14. Jahrhundert wurde nun auch in Italien Seide hergestellt und durch die daraus folgende Verbilligung des Materials konnten sich auch die Bürger mit Seide schmücken. Der Knopf verschloss nicht mehr nur die Kleidung, sondern wurde auch zu einem Modeaccessoire. Je mehr Knöpfe an einem Kleidungsstück zu finden waren desto besser.*

## Das 15. Jahrhundert

*Die entscheidende Neuerung des 15. Jahrhunderts war die Einführung gemusterter Stoffe für eine breitere Konsumentenschicht. Nachdem das ganze Mittelalter aber in kräftigen Farben geschwelgt hatte, führte Philipp der Gute am burgundischen Hof Schwarz als absolute Modefarbe ein und die ganze Farbpalette der Kleidung wurde daraufhin gedämpfter und gebrochener.*

*Erstmals fanden modische Neuerungen auch in die Kleidung der Bauern Eingang. Die Frauen trugen Ober- und Unterkleid in körpernahem Zuschnitt und Hemd, Hose und Wams gehörten genauso zur Kleidung des Bauers wie zu der des Edelmannes.*

## Moderne Textilkunde

*Damit wäre das Ende dieses Exkurses in die historische Materialkunde erreicht. In den folgenden Jahrhunderten änderte sich nicht mehr viel an den verwendeten Stoffen. Erst mit der Einführung synthetischer Materialien in unserem Jahrhundert setzten wieder tiefgreifendere Neuerungen ein.*

*Die eingangs aufgeworfenen Fragen des Lesers bleiben aber bestehen: Sind die zuvor erwähnten Stoffe auch heute noch verfügbar? Gibt es Möglichkeiten, die manchmal doch sehr teuren Stoffe günstig zu erwerben und kann man sie gegebenenfalls durch moderne Textilien ersetzen?*

*Diese Fragen lassen sich pauschal mit einem „Ja!" beantworten.*

*Das Angebot der Stoffabteilungen der großen Kaufhäuser lässt kaum Wünsche offen*

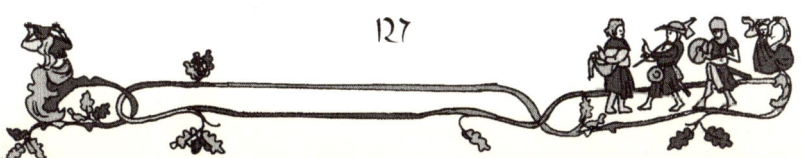

127

und hier sind vor allem in Sonderverkaufsaktionen und Schlussverkäufen teilweise Schnäppchen zu machen. Das heißt nichts anderes, als das man seine Stoffe sozusagen antizyklisch kaufen sollte - leichte Stoffe in der kalten Jahreszeit und dicke Wollstoffe im Sommer.

Man sollte sich deshalb lieber im Sommerschlussverkauf auf die Suche nach Samt machen. Zwar gibt es heute wesentlich mehr Samtsorten als im Mittelalter, aber für eine einigermaßen authentisch wirkende mittelalterliche Gewandung bleibt der teure Baumwoll- oder Seidensamt unerlässlich. Die billigere Version, der moderne Pannè-Samt, erfüllt die historischen Anforderungen nicht. Wer aber eine schnell genähte, günstige Verkleidung für Theater oder Kostümfest braucht, mag darauf zurückgreifen.

Das gleiche gilt für Brokate oder Seidenstoffe: Moderne, synthetische Materialien fallen nicht richtig, sehen nicht „echt" aus und sind bei Weitem nicht so robust wie die Originale. Damit der Einkauf aber nicht im finanziellen Ruin endet, muss man, wenn es unbedingt Samt und Seide sein müssen, eben eine unter Umständen mühevolle, aber lohnende Suche auf sich nehmen.

Noch ein wichtiger Tipp für Schneideranfänger: Manche Stoffsorten wie z.B. Samt oder auch Loden haben eine „Richtung", in der sie verarbeitet werden müssen. Die Verkäufer in Fachgeschäften können im Zweifelsfall weiterhelfen.

In jeder größeren Stadt findet sich zudem mindestens ein Fabrikresteverkauf. In diesen Läden werden qualitativ hochwertige Stoffe meist sehr günstig angeboten. Man sollte auch in Erfahrung bringen, ob es nicht vielleicht eine Stofffabrik in der Nähe gibt: Der Direktverkauf ist meist so günstig, dass sich die Anfahrt immer lohnt.

Auch Kontakte zu Pfadfinderorganisationen, Jugendherbergen und der Bundeswehr können lohnend sein. Die Wolldecken, die diese Verbände ausmustern, eignen sich hervorragend als Lodenersatz zur Herstellung von Mänteln und grober, wetterfester Oberbekleidung.

Auf Flohmärkten kann man manchmal alte Vorhänge aus Samt oder Brokat erwerben und man erhält so, wenn auch etwas vergilbt, günstige Materialien für Prunkgewänder.

Ein Geheimtipp, um hochwertiges Leinen zu erwerben, sind Trachtenläden. Auch wenn man manchmal tief in die Tasche greifen muss, gibt es hier die feinsten Leinenstoffe zu kaufen. Als Ersatz kann man aber auch auf alte Bettücher aus Großmutters Zeiten zurückgreifen.

Leider gibt es kaum günstige Bezugsquellen für gestickte Borten, mit einigermaßen authentischen Mustern und je breiter eine Borte ist, desto teurer ist sie auch. Eine Alternative kann hier die Verwendung mehrerer schmaler Borten sein.

Leder kauft man am Besten direkt in der Fabrik. Man kann aber auch in Resteläden

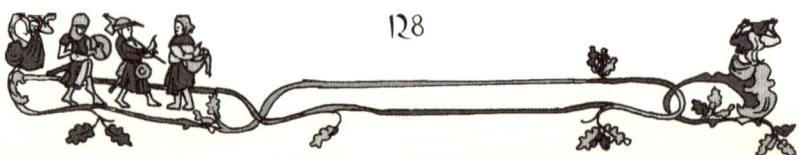

danach Ausschau halten, alte Kleidungsstücke oder Ledermöbel auftrennen. Bei Pelzen muss man sich an einen Kürschner wenden oder ähnliche Bezugsquellen wie für Leder nutzen.

Spangen, Fibeln und anderen Schmuck bekommt man natürlich im Fachhandel, aber es gibt immer mehr engagierte Handwerker, die sich auf die Herstellung von mittelalterlichem Schmuck spezialisiert haben. Sehr oft verkaufen auch Museen Repliken ihrer Ausstellungsstücke. Anfragen lohnen sich meistens!

Mit etwas Fantasie und Organisationstalent lassen sich also selbst die aufwändigsten Gewänder originalgetreu nachschneidern und verzieren, ohne dabei auf Qualität und hochwertige Stoffe verzichten zu müssen.

Das entscheidende Argument gegen die Verwendung von modernen Synthetikstoffen ist jedoch die Alltagstauglichkeit. Ein Kleidungsstück aus Pannè-Samt schützt nicht gegen die Kälte und ein Satin-Umhang nicht gegen den Regen. Da jeder aber schließlich selbst wissen muss, wofür er seine Gewandung braucht und welche Anforderungen er an sie stellt, bleibt die Materialwahl dem einzelnen überlassen.

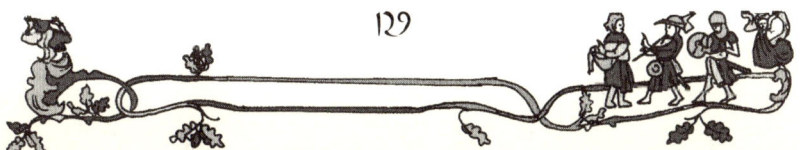

# Kleines Stofflexikon

## Baumwolle

Das Ursprungsland der Baumwolle ist Indien. Es handelt sich dabei um die Haare der Samenkapsel der strauchartigen Baumwollpflanze. Die Ernte der Samenkapseln erfolgt auch heute noch teilweise von Hand, da die Kapseln an einem einzelnen Busch zu verschiedener Zeit erntereif sind. Nach dem Trocknen werden die Haare von den Samenkörnern getrennt und zu Garn versponnen.

Die Baumwolle spielte wegen der kurzen Fäden und der daher aufwändigen Spinnarbeit eine eher unbedeutende Rolle in der europäischen Kostümgeschichte. Wurde Baumwolle in der mittelalterlichen Welt verwendet, dann hauptsächlich in Mischgeweben.

## Bindungsarten

Längsgerichtete Kett- und quergerichtete Schussfäden können in verschiedenen Arten miteinander verwoben werden. Der Rhythmus der Bindung verändert das Aussehen der Stoffoberfläche. Dadurch entstehen drei Bindungsarten: Die Leinwand-, die Köper- und die Atlasbindung (Abb.123). Durch die Verwendung verschiedener Fadenarten, im Mittelalter waren das in der Regel Seiden-, Baumwoll-, Woll- und Flachsfäden, ergeben sich wiederum unterschiedliche Stoffarten (Abb.125). Ein Seidenstoff, in Leinwandbindung gewebt, wird beispielsweise als Taft bezeichnet; ein Wollgewebe in gleicher Bindung nennt man Tuch und ein Baumwollgewebe Kattun.

a) Leinwandbindung     b) Köperbindung     c) Atlasbindung

Abb. 123

## Damast

Damast ist ein Gewebe, bei dem durch den Rhythmus aus Kett- und Schussfäden ein Muster entsteht (Abb.124) und kann aus verschiedensten Fäden gewebt werden.

130

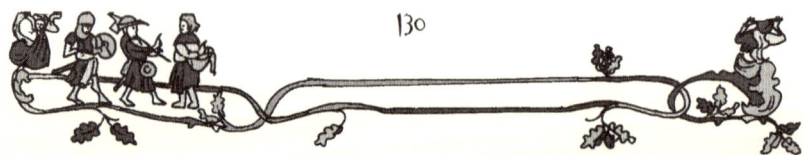

Abb. 124

## Leinen

Aus dem Stängel des Flachses wird in mehreren komplizierten Schritten der Leinenfaden gewonnen:

1. Reepen: Trennung der Samenkapseln vom Halm
2. Rösten: Kochen der Stängel
3. Brechen und Schwingen: Entfernen von Verunreinigungen
4. Hecheln: Kämmen der Fäden mit immer dichteren Kämmen, bis der Flachs immer feiner wird und zum Faden gesponnen werden kann

Da die Flachsfäden sehr glatt sind wird Flachs meist nach der Leinenbindung verwoben.

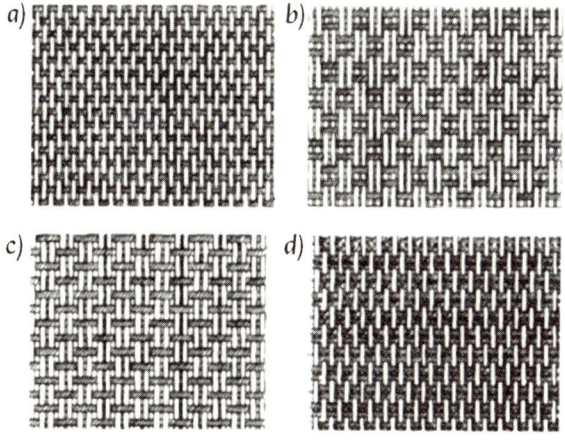

Abb. 125

a) einfach / b) Panama / Louisien / d) Gros de Tours

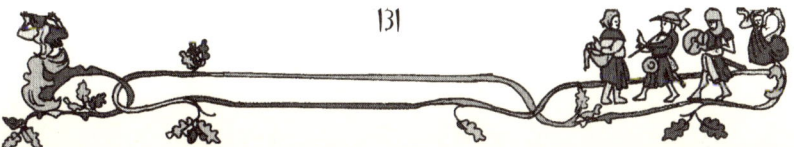

131

## Metallfäden

Meistens handelt es sich um Edelmetalle wie Gold, vergoldetes Silber, Silber oder Buntmetalle wie Kupfer, die in Form des Lahn verwendet wurden. Der Lahn ist dünn gehämmertes und in Streifen geschnittenes Edel- oder Buntmetall, das in reiner Form oder auch um einen Leinenfaden gewickelt verarbeitet werden kann.

## Samt

Samtstoffe werden meist nach Atlasbindung verwebt. Dabei führt man die Schussfäden über Stäbchen, die sogenannten Ruten, wodurch kleine Schlingen entstehen. Diese Schlingen werden aufgeschnitten, woraus sich die typische Oberfläche des Samtes ergibt.

## Seide

Seide ist der Faden, der von der Seidenraupe gesponnen wird, um daraus ihren Kokon zu weben. Die von Maulbeerbäumen geernteten Kokons werden in ein heißes Wasserbad geworfen. Das Wasser löst das Sekret auf, dass die Fäden verklebt und tötet gleichzeitig die Raupen. Danach wickelt man die unzerstört bis zu 3.500 m (!) langen Fäden von den Kokons ab. Von dieser Länge sind jedoch nur 800-1.200 m für die Seidenweberei nutzbar. Der Rest und die beim Abwickeln zerstörten Fäden werden zu der gröberen Wildseide weiterverarbeitet.

Die über 60 verschiedenen Arten von Seidenraupen liefern Seidenfäden von unterschiedlicher Qualität. Die feinsten stammen von der Seidenspinnerart Bombyx mori. Auch in Europa existiert eine wilde Form des Seidenspinners, der sich an Fichten, Eschen, Zypressen und Eichen findet, aber nie in größerem Umfang zur Seidengewinnung genutzt wurde.

## Wolle

Wolle wird aus den Haaren von diversen Haustieren gewonnen, nicht nur aus denen von Schafen, sondern auch aus denen von Kamelen, Ziegen und anderen. Dazu werden die Haustiere nicht immer nur geschoren. Eine andere Methode ist das Aufsammeln der beim jahreszeitlichen Fellwechsel abgeworfenen Haare.

Die Rohwolle wird zunächst gewaschen und anschließend gekämmt. Danach ist sie bereit zu Fäden gesponnen zu werden.

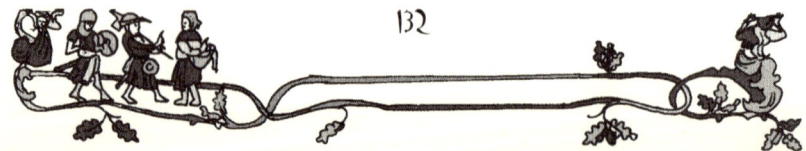

# Lederverarbeitung

*Text von Xenia Krämer und Michael Störmer*
*Zeichnungen von Michael Störmer*

Abb. 126

Leder ist ein ebenso vielfältiges wie unverzichtbares Material mittelalterlicher Kleidung. Von zartem, weichem Wildleder bis hin zu dickem Sohlenleder sind die Verwendungsmöglichkeiten unzählig. Die Verarbeitungsweisen bleiben jedoch immer dieselben. Wer eine kräftige Nähmaschine besitzt mag sein Glück bei dünnen Ledersorten versuchen, sollte aber darauf achten, eine weite Sticheinstellung zu wählen, da sehr eng beieinander liegende Stiche das Leder eher perforieren als vernähen. Doch die Nähmaschine ist für Lederarbeiten, außer für Produktionen im großen Stil, sowieso nur zweite Wahl: Hier ist Handarbeit angesagt!
Zunächst wollen wir hier das benötigte Werkzeug betrachten. Als erstes benötigen sie ein Messer, um das Leder zuzuschneiden. Am Besten verwenden sie eines aus dem Schusterbedarf mit einer spitzen, nur wenig biegsamen Klinge. Ergänzend sollten sie ihrem Werkzeugsatz auch noch eine starke Schneiderschere hinzufügen. Um das Leder einigermaßen komfortabel vernähen zu können, sind Kürschnernadeln unerläßlich.

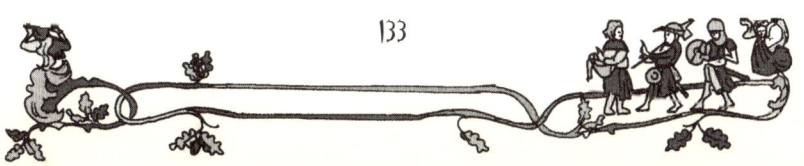

Diese haben eine dreikantige Spitze mit der sich das Leder leicht durchstoßen lässt. Aber auch den Kürschnernadeln setzt Leder oft allzu bald Grenzen. Dann hilft nur noch eine Ahle, ein spitzer Metalldorn, der mit einem Gewinde in einem Holzgriff gesichert ist. Ahlen gibt es in verschiedenen Stärken, ganz nach Bedarf. Falls aber auch eine Ahle irgendwann nicht mehr ausreicht, können sie zu einer Lochzange greifen. Sie sollten aber darauf achten, dass die Lochzange eine 2 mm-Feineinstellung besitzt, da die vorgestanzten Löcher bei größerer Einstellung zum Nähen zu groß ausfallen.

Zum Schluss benötigen sie noch das passende Nahtmaterial. Am Besten eignet sich ein fester, gewachster Leinenfaden, der in verschiedenen Stärken und Farben im Schusterbedarfshandel erhältlich ist, je nachdem, was sie vernähen möchten. Dieser Faden ist besonders geeignet, da er ungefähr dieselben Dehnungseigenschaften wie Leder besitzt und sich auch bei Feuchtigkeit und starker Beanspruchung als sehr robust erweist.

Den diversen Kleinkram, wie Schnallen, Ösen, Lederriemen und Schneiderkreide erhalten sie in gut sortierten Leder- und Bastelgeschäften, aber es lohnt sich immer, die Augen auf Märkten, Flohmärkten und Stadtbummeln offen zu halten.

Die Arbeitsschritte bei der Lederverarbeitung sind, wie oben gesagt, nahezu immer dieselben. Bei der Vorbereitung zu einem Schuh- oder Taschenschnitt sollten sie immer zuerst einen Papier- oder Stoffschnitt anfertigen. Diesen übertragen sie mit Schneiderkreide auf die Lederinnenseite. Zum Ausschneiden reicht bei dünneren Ledersorten eine Schere, ansonsten müssen sie zum Messer greifen. Nun können alle späteren Nahtkanten gelocht werden. Dazu verwenden sie die Ahle oder ihre Lochzange. Zum Schluss können die Einzelteile vernäht werden.

Noch ein kleiner Tipp: Wenn sie sehr dickes oder festes Leder verarbeiten, können sie es vor dem Vernähen in lauwarmem Wasser einweichen und feucht vernähen. Vergessen sie aber nicht, das fertige Stück nach dem vorsichtigen, langsamen Trocknen wieder ausreichend einzufetten, da es ansonsten brüchig wird.

Man sollte sich immer bewusst machen, dass ganze Kleidungsstücke aus Leder durch das gesamte Mittelalter hindurch eher selten waren. Dann und wann mag ein Jagdrock oder ein Beinling aus Leder angefertigt worden sein, aber diese Stücke blieben eher Ausnahmen. Leder wurde vielmehr für Schuhe, Taschen und Gürtel verwendet.

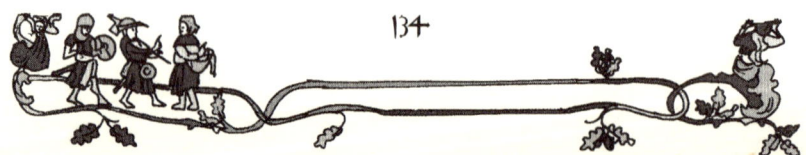

# Schuhe

Da hat man nun Berge historischer Fachliteratur gewälzt, die feinsten Woll- und Samtstoffe gekauft und schließlich mit Hilfe von rekonstruierten Kleidungsschnitten und viel Ausprobieren unter großen Mühen eine historische Gewandung geschneidert und doch war die ganze Mühe fast umsonst, wenn man beim Schuhwerk auf moderne Schaftstiefel oder die allseits so beliebten Springerstiefel, so praktisch sie auch sein mögen, zurückgreifen muss. Zum Einen zerstören diese Schuhe sofort jeden historischen Look, zum Anderen haben diese festen, rahmengenähten Schuhe schon vom Herstellungsprinzip her nichts oder nur sehr wenig mit mittelalterlichen Schuhen gemein.

Wenn man mittelalterliche Schuhe aus heutiger Sicht betrachtet, scheinen sie kaum unseren modernen Qualitätsansprüchen zu genügen. Die Sohlen sind sehr dünn, sie sind meist ungefüttert und ihre Form erhalten sie eigentlich erst, wenn der Fuß in ihnen steckt. Das kommt daher, dass diese Schuhe völlig anders hergestellt wurden als unsere heutigen und dass man im Mittelalter ganz andere Ansprüche an das Schuhwerk stellte.

Die meisten mittelalterlichen Schuhe waren wendegenäht, d.h. sie wurden auf links zusammengenäht und dann umgestülpt. Aus diesem Grund sind der Lederstärke konstruktive Grenzen gesetzt, denn mehrere Millimeter dickes Leder lässt sich nur schwer umkrempeln. Gleichzeitig ermöglicht es diese Technik aber auch, Schuhe sehr schnell herzustellen. Hat man erst einmal eine gewisse Routine entwickelt, kann man ein Paar Schuhe leicht an einem Nachmittag herstellen.

Aus diesem Grund verlangten die Menschen im Mittelalter aber auch nicht, dass Schuhe ein ganzes Leben hindurch halten sollen. Vielmehr trug man sie, bis die Sohle so viele Löcher hatte, dass man die Straße durch sie hindurch spüren konnte. Dann flickte man sie mehr oder weniger professionell und wenn dann auch das Oberleder seinen Geist aufgab, sah man sich nach einem neuen Paar um.

## Frühgeschichte und Spätantike

### Bundschuhe

Die einfachsten Schuhe der Bronzezeit waren die Bundschuhe. Sie bestanden aus einem einzigen Stück Leder, bei dem man nicht zwischen Ober- und Sohlenleder unterschied, besaßen nur eine Naht an der Ferse und wurden durch Schnürungen der Fußform angepasst.

Bei dem ersten hier abgebildeten Schuh wird ein Lederriemen durch die Löcher in den

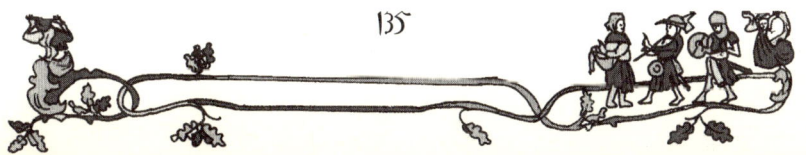

vorderen Laschen gezogen. Über dem Rist wird der Riemen dann gekreuzt, durch die hinteren Laschen gezogen und um den Knöchel geschlungen (Abb.127).

Der Bundschuh blieb lange Zeit (bis ins Mittelalter) eine sehr beliebte Schuhform. Allerdings wurde die ursprüngliche Form immer mehr verfeinert und verziert. Nach wie vor waren die Bundschuhe nur an der Ferse vernäht, aber ihr Schnitt wurde soweit der Fußform angepasst, dass man zwischen rechtem und linkem Schuh unterscheiden kann (Abb.128).

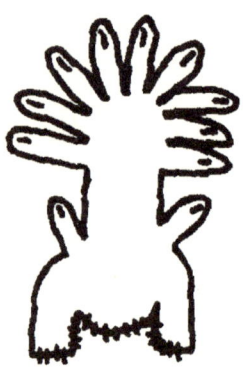

Abb. 127

Abb. 128

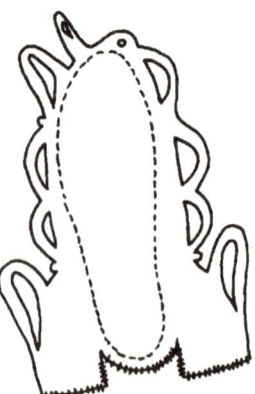

Abb. 129

Bei manchen Modellen lag die Schnürung nicht mittig über dem Rist, sondern war leicht zu einer Seite hin verschoben (Abb.129).

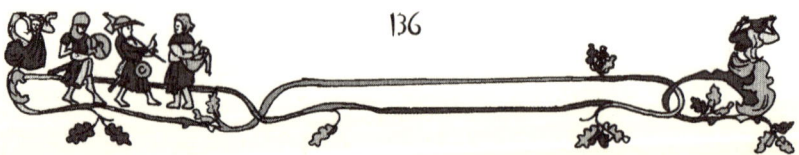

Trugen die Legionäre Cäsars noch ausschließlich offene Sandalen, wurden in spätrö-
mischer Zeit geschlossene Schuhe immer beliebter. Die unten stehenden Beispiele
müssen noch durch eine dem Fuß entsprechende Sohle ergänzt werden und durch
die Laschen muss, wie bei den Bundschuhen, eine lederner Riemen als „Schnürsenkel"
gezogen werden (Abb.130 und 131).

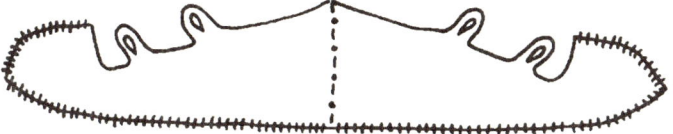

Abb. 130

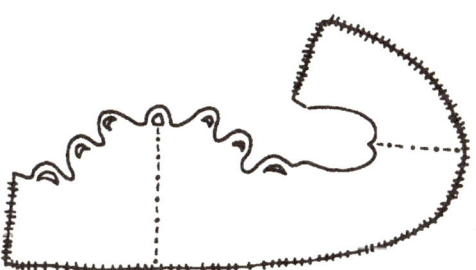

Abb. 131

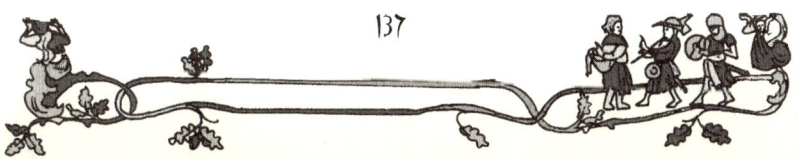

### Karolingischer Stiefel

Dieser robuste Stiefel besteht aus lediglich zwei Teilen, dem Oberleder mit den Verschlusslaschen und der Laufsohle. Zunächst näht man das Oberleder an den Schnittkanten A zusammen (Abb. 132 unten). Anschließend werden Oberleder und Sohle auf links zusammengenäht und dann umgekrempelt. Um den Stiefel aber schließen zu können, muss man an der Aussenseite des Schaftes noch Knebel aus gerolltem Leder anbringen. Diese Knebel laufen in zwei Lederstreifen aus, die auf der Innenseite des Schaftes mit Knoten befestigt werden (Abb.132 oben).

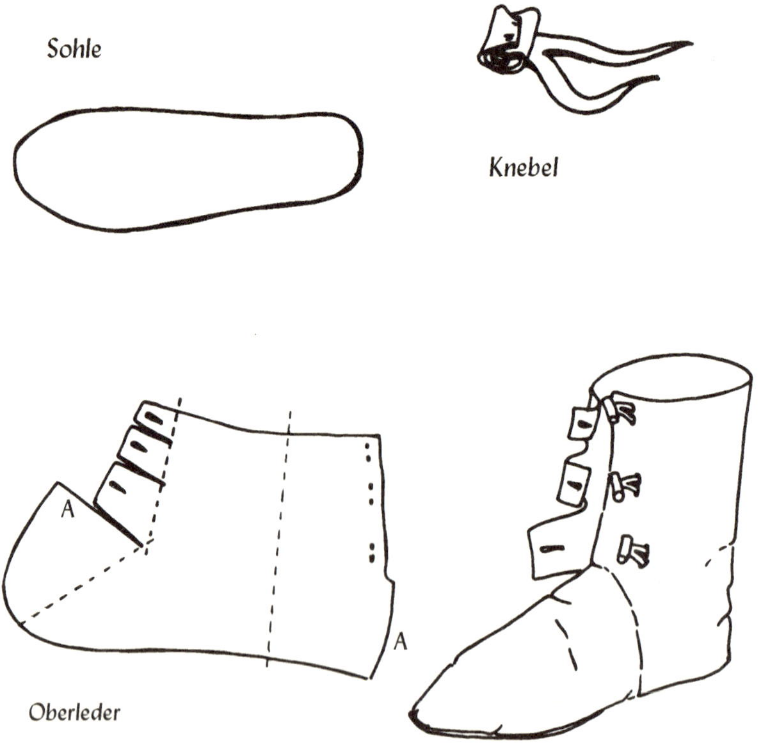

Sohle

Knebel

A

A

Oberleder

Abb. 132

138

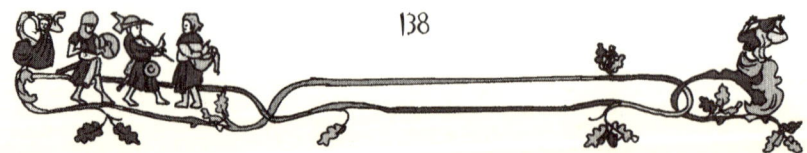

## Schuh (9. Jahrhundert)

Die Besonderheit dieses knöchelhohen Schuhes liegt in der Sohle, die hinten leicht hochgezogen wird und so die Sohlennaht im Bereich der Ferse vor Abnutzung schützt. Im Gegensatz zum vorhergehenden Schnitt befindet sich die Naht, die das Oberleder verbindet nicht an einer Seite des Fußes, sondern auf der Oberseite des Vorderfußes.

Der Schuh wird durch einen Lederriemen, der durch die Löcher des Oberleders gezogen wird, verschnürt (Abb.133).

Lässt man beim Oberleder den Teil weg, der beim fertigen Schuh den leicht erhöhten Schaft bildet, erhält man einen Halbschuh, der sich ideal als Frauenschuh eignet (Abb. 134).

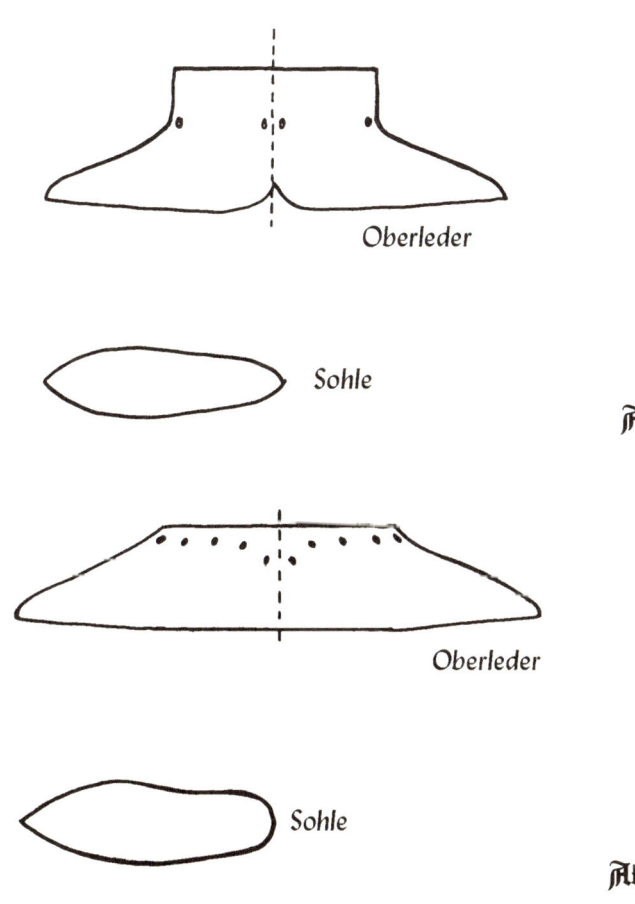

Oberleder

Sohle

Abb. 133

Oberleder

Sohle

Abb. 134

# Hochmittelalter

### Halbschuh (12. und 13. Jahrhundert)

*Auf den ersten Blick ähnelt dieser Schuh, was sein Konstruktionsprinzip angeht, dem bereits beschriebenen karolingischen Stiefel. Allerdings bemerkt man, dass die Sohle dieses Schuhes der Fußform sehr genau folgt und der Mittelfußbereich sehr schmal ausfällt. Durch diesen kleinen Unterschied wird nun eindeutiger zwischen rechtem und linkem Schuh unterschieden und die Gesamtform wird eleganter. Als Verschluss kann man wieder einen ledernen Knebel oder auch einen Knopf verwenden (Abb.135).*

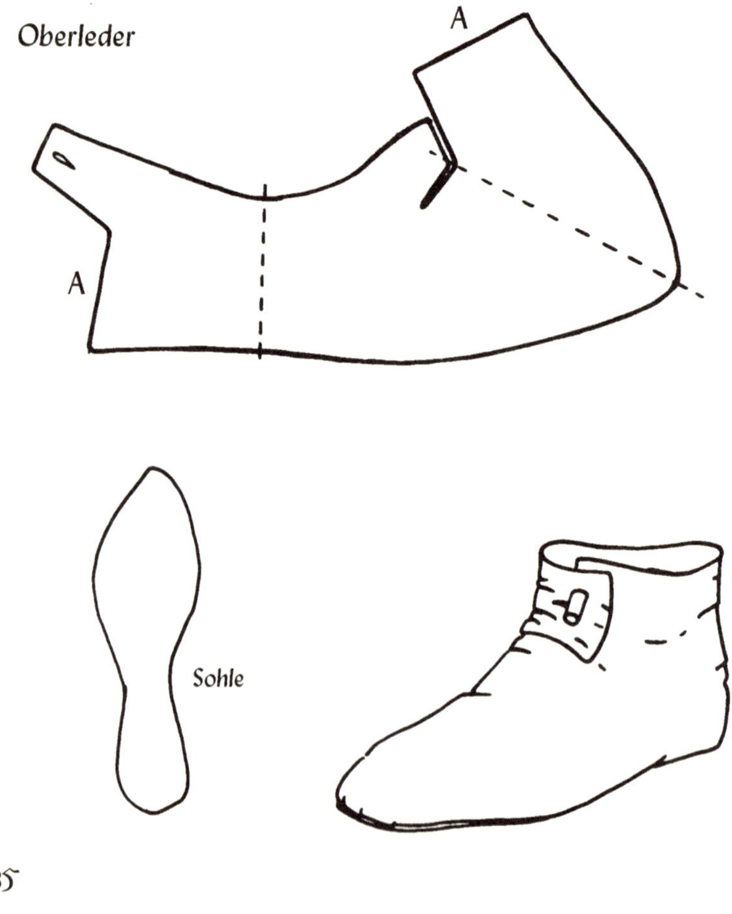

Oberleder

A

A

Sohle

Abb. 135

140

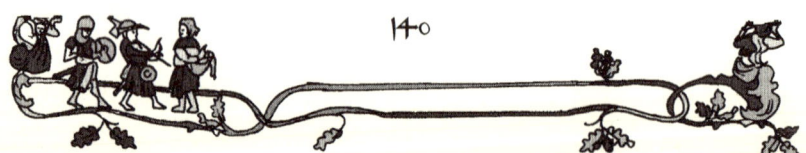

## Stiefel (12. und 13. Jahrhundert)

Zunächst mag dieser Stiefel etwas unförmig aussehen, aber da er mit Lederriemen, die durch Schlaufen am Schaft geführt werden, geschlossen wird, kann man ihn sehr genau der Form des Unterschenkels anpassen.

Sein Schnitt (Abb. 136) ist bis auf den hohen Schaft mit dem des vorher beschriebenen Halbschuhes vergleichbar. Es fällt aber auf, das an die eine Schaftseite noch ein weiteres Lederstück angenäht werden muss (Schnittkante B), wodurch sich der Schaft am Schienbein überlappt.

Um die Laschen für die Schnürung anzubringen, schneidet man auf jeder Seite des Schaftes eine Reihe von Löchern ins Leder. Durch diese zieht man immer abwechselnd von innen nach außen einen Lederstreifen, der durch einen Knoten gesichert wird. Durch die so entstandenen Schlaufen zieht man die Verschnürung des Stiefels.

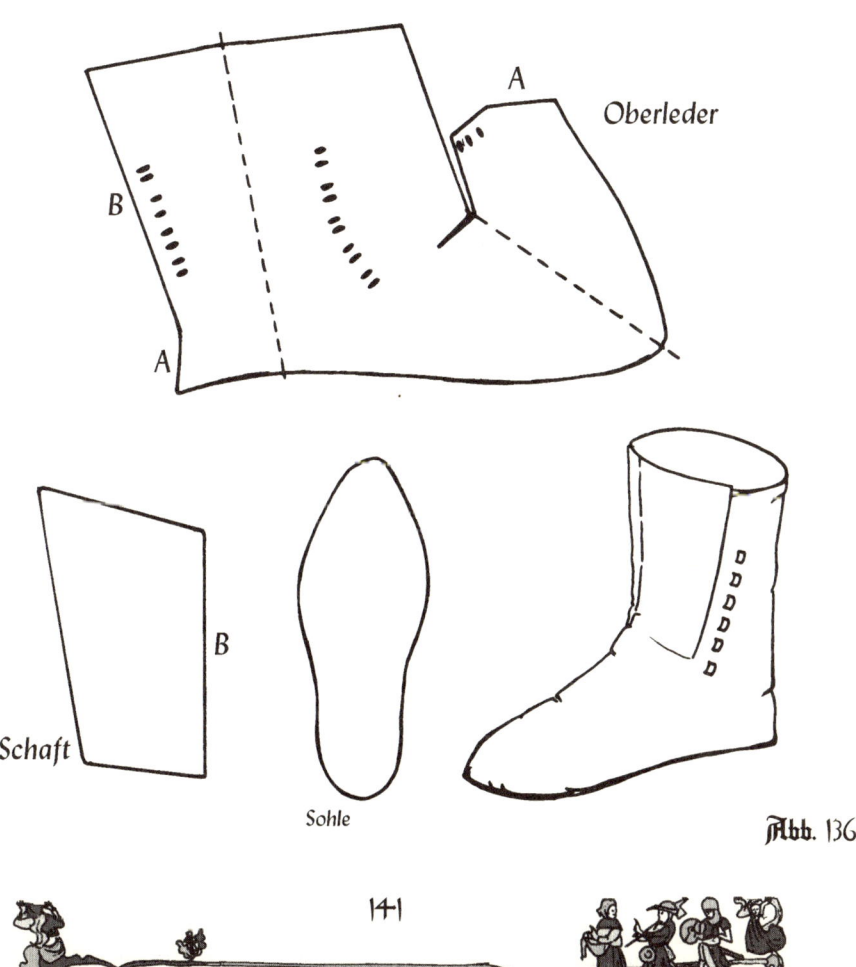

Oberleder

Schaft

Sohle

Abb. 136

## Halbschuh (spätes 13. Jahrhundert)

Auch hier handelt es sich wieder um einen Schuh, dessen Oberleder an der Fußseite verbunden wird. Der Verschluss des Schuhes befindet sich mittig auf dem Rist des Fußes. Die Besonderheit dieses Verschlusses liegt darin, dass er den Schuh nicht nur um den Knöchel herum fixiert, sondern den Schaftansatz auch mit dem Vorderblatt des Schuhes, dem Teil des Oberleders, der den Vorderfuß bedeckt, verbindet. Die beiden Verschlusslaschen sind nämlich so breit, dass sie mehreren Knöpfen bzw. Knopflöchern Platz bieten. Ein Knopfloch ist dabei sozusagen überzählig und gehört zu einem Knopf, der sich auf dem Vorderblatt des Schuhes befindet (Abb. 137).

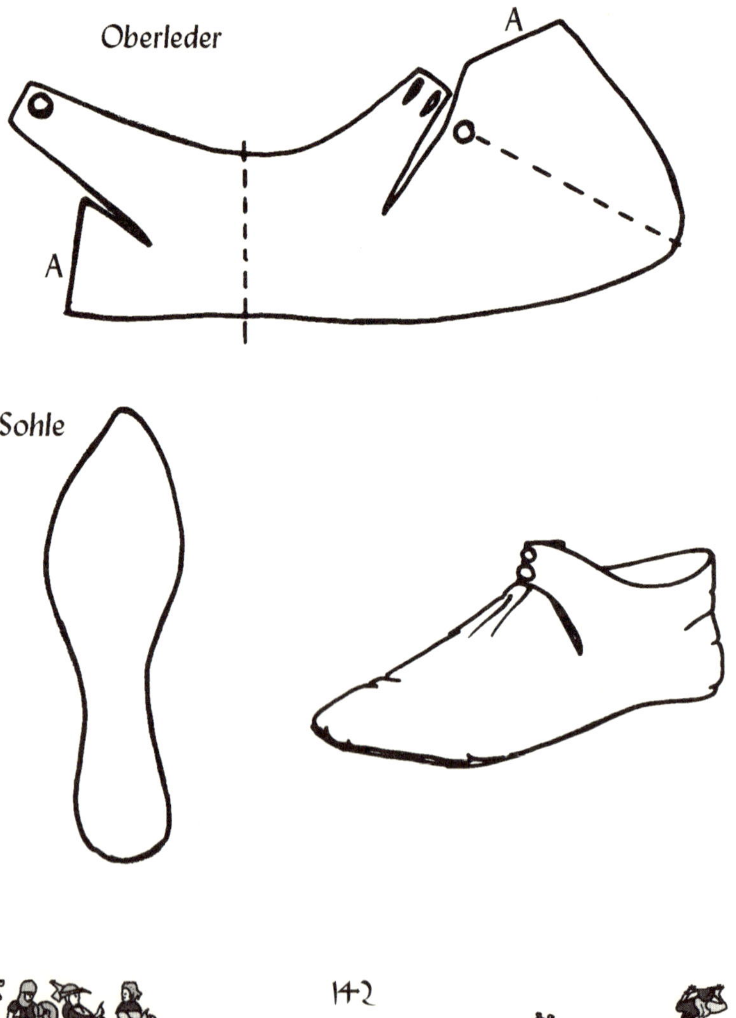

Oberleder

A

A

Sohle

Abb. 137

142

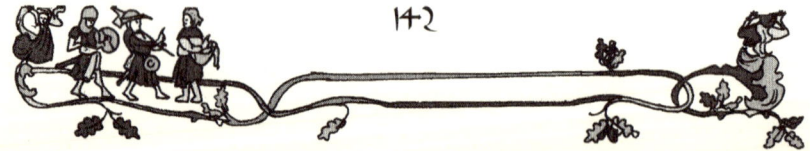

## Halbschuh (14. Jahrhundert)

*Dieser leichte Halbschuh wird nicht mit Knöpfen geschlossen, sondern mit einem Schnürsenkel an der Außenseite des Schuhes. Ansonsten kann man auch hier wieder nach dem nun schon hinreichend bekannten Muster verfahren: Oberleder an den Schnittkanten A zusammennähen, Oberleder und Sohle auf links vernähen, fertigen Schuh umkrempeln, Schnürsenkel einfädeln, fertig (Abb.138).*

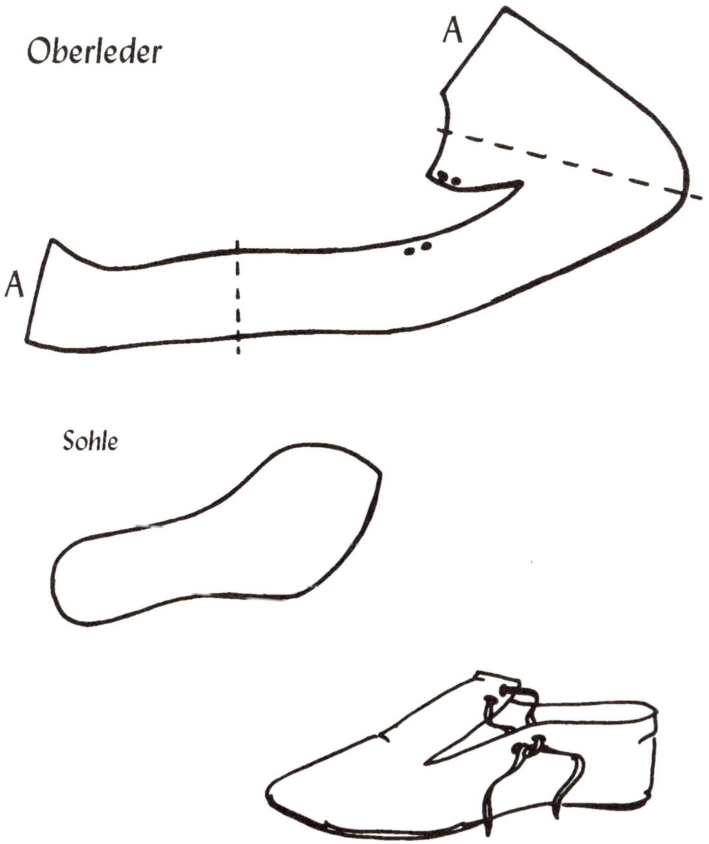

Oberleder

A

A

Sohle

Abb. 138

143

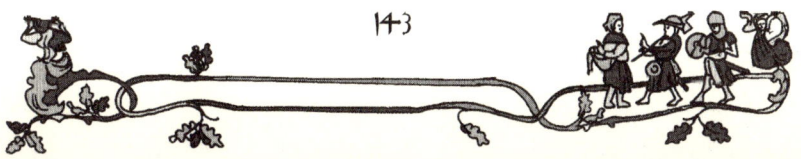

## Stiefel (um 1400)

*Dieser halbhohe Stiefel (Abb.139) weist eine Besonderheit zu den bereits beschriebenen Stiefelmodellen auf. Im Gegensatz zu diesen ist hier die Knopfleiste, die den Schaft verschließt, und der Schlitz im Vorderblatt, der den Einstieg erleichtert, mit einem Lederstück hinterlegt (Schnittkanten B). Dieses Stück schützt nicht nur vor dem Eindringen von Schmutz sondern, sorgfältiges Nähen vorausgesetzt, auch vor Feuchtigkeit.*

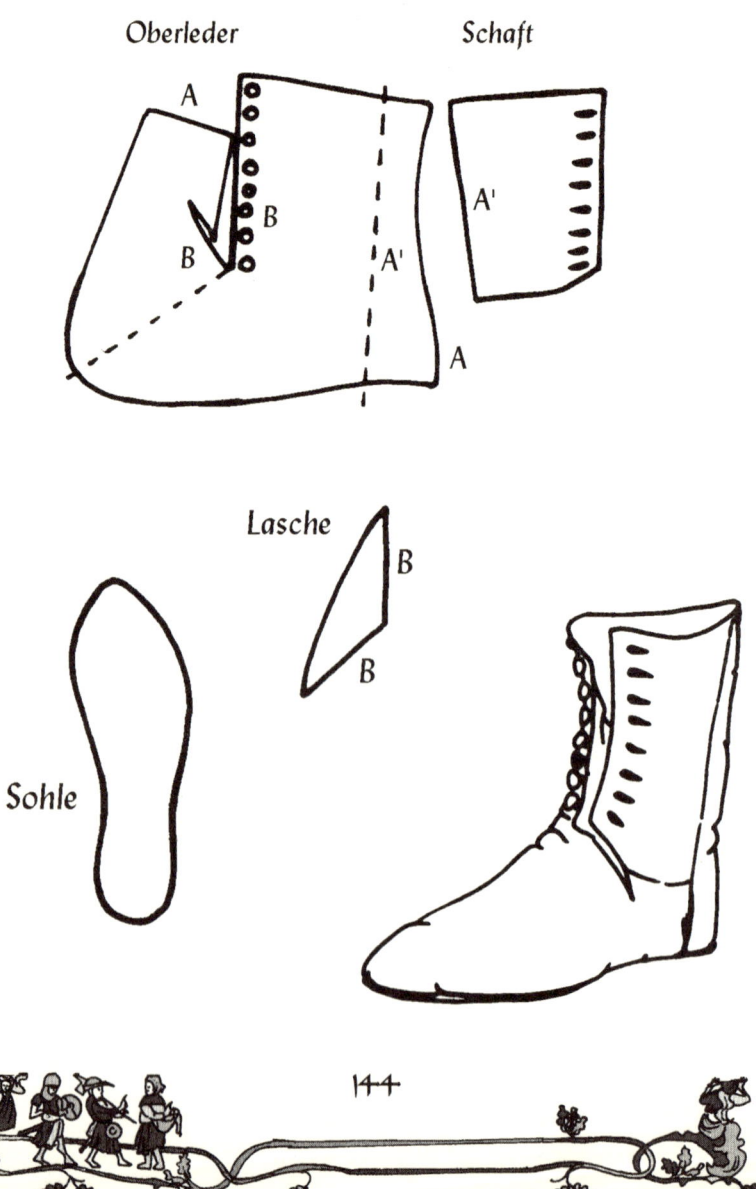

Abb. 139

144

## Halbſchuh (15. Jahrhundert)

*Dieser Halbschuh (Abb.140) reicht vorn weit über den Rist hinauf und auch die Ferse läuft in eine hochgezogene Spitze auf. Dadurch ist die einfache Verschnürung, die den Schlitz im Vorderblatt zusammenzieht völlig ausreichend, um den Schuh sicher am Fuß festzuhalten.*

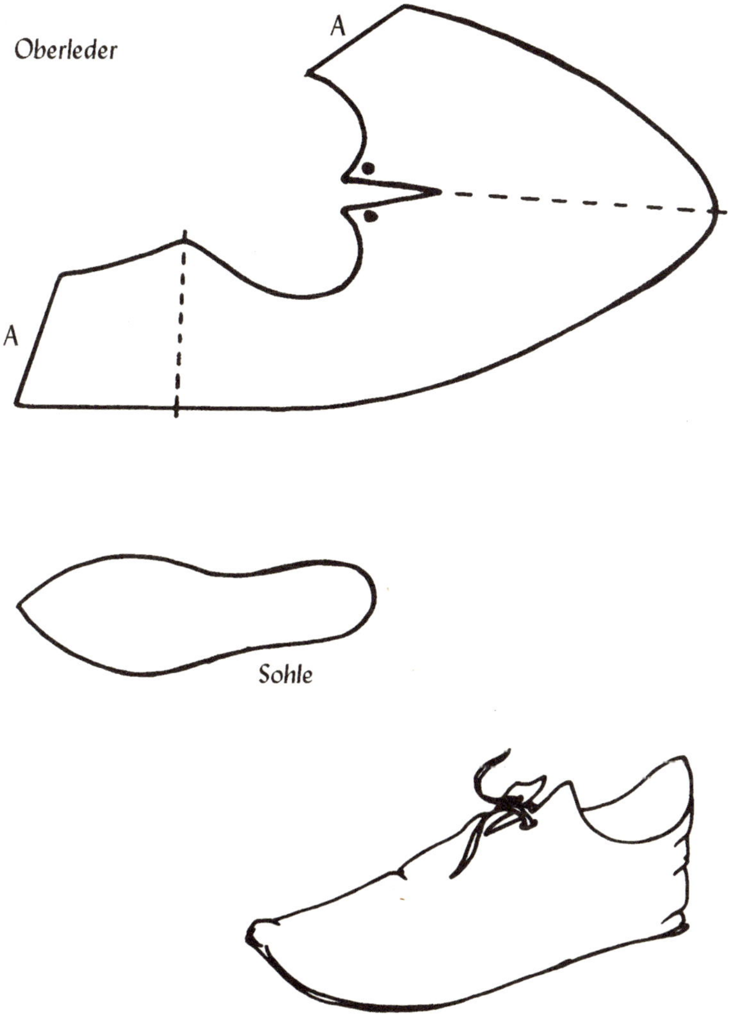

Oberleder

A

A

Sohle

Abb. 140

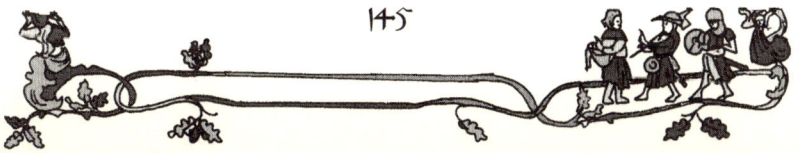

## Schnallenschuh (15. Jahrhundert)

Auch dieser Schuh schließt sich sehr eng um den Fuß und sitzt deshalb recht fest am Fuß. Allerdings erfordern der Schnallenverschluss und die eingesetzte Lasche ein wenig Sorgfalt beim Zuschnitt und Nähen.

Neben den üblichen beiden Teilen, Oberleder und Sohle, benötigt man für diesen Schuh noch ein Lederstück, das an das Vorderblatt angenäht wird (Schnittkante B), und eine Riemenzunge, die an das Oberleder genäht wird (Schnittkante C). In das Lederstück schneidet man zwei Schlitze, durch die man die Riemenzunge hindurchführt. Eine passende Schnalle erhält man im Schusterbedarfshandel oder, noch besser, bei Händlern, die sich auf die Wünsche von Reenactors spezialisiert haben (Abb.141).

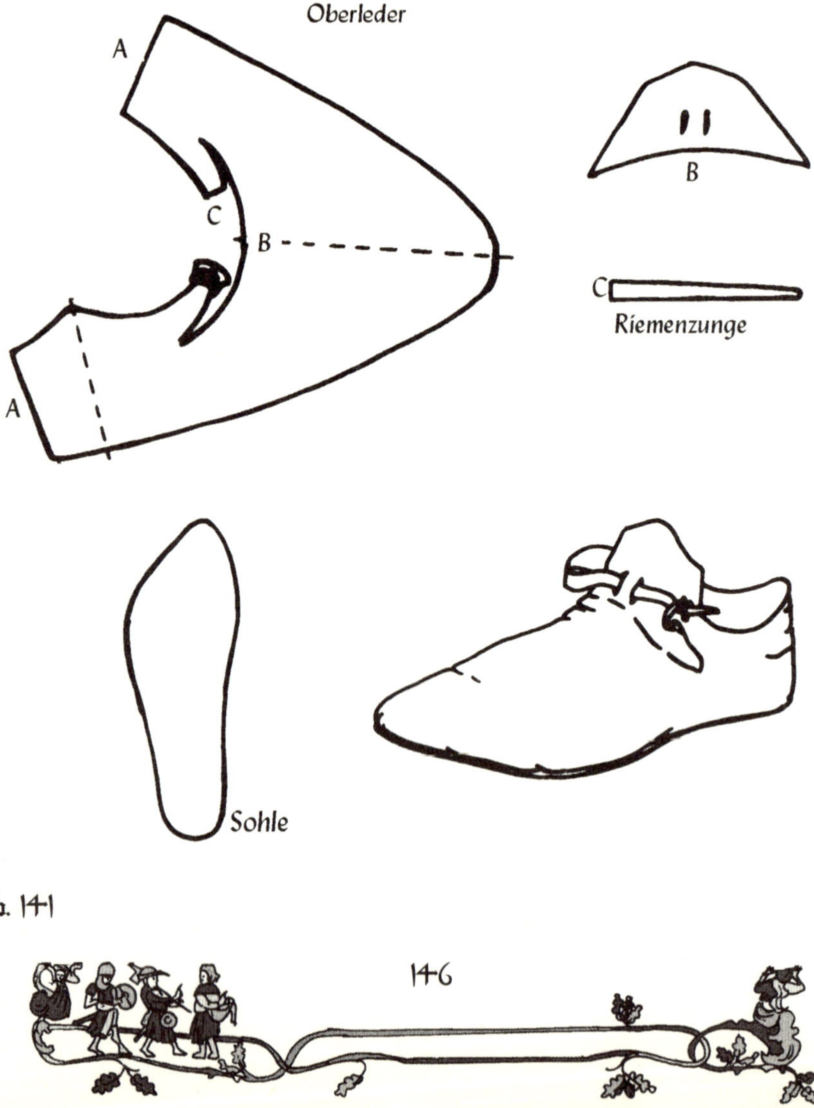

Oberleder

A

C

B

A

B

C

Riemenzunge

Sohle

Abb. 141

146

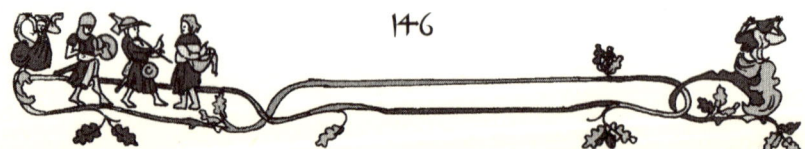

## Hoher Schuh (15. Jahrhundert)

Halbschuhe erreichen durch ihre Machart manchmal schnell die Grenzen ihrer Verwendbarkeit. Schmutz und Feuchtigkeit können leicht über den Rand quellen und selbst mit dicken Beinlingen mit angesetzten Füßlingen getragen, schützen sie nicht so gut vor der Witterung wie ein hoher Schuh oder gar ein Stiefel.

Hat man aber nicht genügend Leder für einen Stiefel zur Hand oder scheut man die Ausgaben für ein großes Stück Leder von gleichmäßiger Qualität, bietet der folgende Schuhschnitt einen guten Kompromiss (Abb. 142).

Durch die hohe Form und die doppelte Schnürung umschließt er den gesamten Fuß- und Knöchelbereich sehr gut und sorgt für ausreichenden Witterungsschutz. Möchte man den Schuh noch robuster machen, kann man auch ein abdichtendes Lederstück in den Schlitz im Vorderblatt einnähen oder auch den „Schaft" noch ein wenig erhöhen.

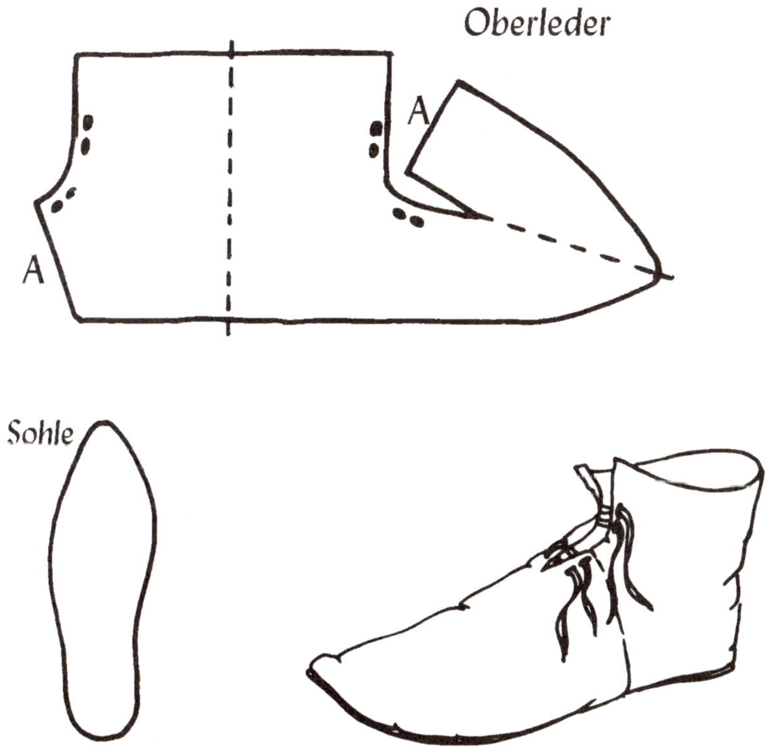

Oberleder

A

A

Sohle

Abb. 142

147

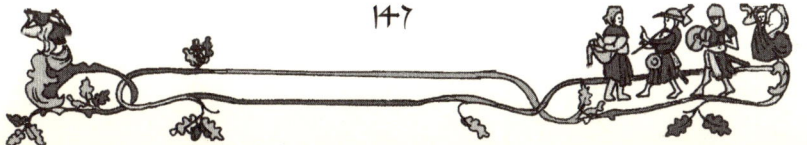

Abschließend noch ein kleiner Tipp für die Sohlennaht: Natürlich kann man das Oberleder einfach an die Sohle nähen. Wenn man dabei sorgfältig vorgeht, den richtigen Faden benutzt und die Schuhe immer gut einfettet, kann man so eine recht dichte Verbindung erreichen.

Besser ist es aber, wenn man sich einen schmalen Lederstreifen zuschneidet und diesen genauso wie Oberleder und Sohle mit einer Ahle oder Lochzange vorsticht. Dieser Streifen wird nun zwischen Oberleder und Sohle des Schuhes genäht. Durch diese einfache Technik wird die Naht nicht nur abgedichtet, sondern auch vor Abnutzung geschützt (Abb.143).

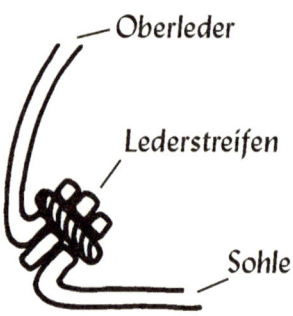

Oberleder

Lederstreifen

Sohle

Abb. 143

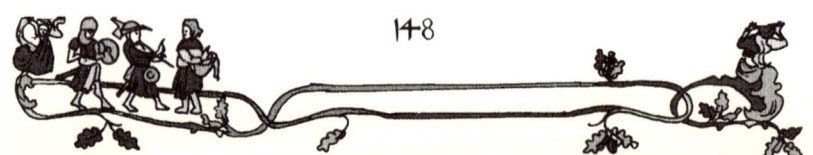

# Taschen

Wenn Reenactors, Rollenspieler oder die Besucher eines Maskenballes mittelalterliche Gewandung anziehen, fallen ihnen natürlich sofort einige Unterschiede zu ihrer alltäglichen Kleidung auf. Sie müssen sich überlegen, wo man die Beinlinge befestigt, wie man den Mantel am Besten um die Schultern legt und wenn man dann doch einmal auf die Toilette muss, sind die Nestelschnüre zwischen Wams und Hose auch nicht gerade praktisch. Hat man sich dann an die fremdartige Kleidung gewöhnt, bleibt trotzdem noch eine Frage offen: Wohin mit dem ganzen Kleinkram?

Eine ähnliche Frage mögen sich die Menschen des Mittelalters auch gestellt haben. Immerhin verfügt unsere moderne Kleidung über eine ganze Reihe von praktischen Taschen verschiedenster Form und Größe, die sich bei mittelalterlichen Kleidungsstücken nicht finden. Zwar musste man im Mittelalter weder Zigaretten noch Autoschlüssel verstauen, aber der Geldbeutel, der Feuerstahl und der Schlüssel zur Haustür mussten auch damals untergebracht werden, ohne es Taschendieben und Beutelschneidern zu leicht zu machen. Deshalb gehörte zur mittelalterlichen Kleidung fast jeder Epoche irgendeine Art von Tasche, die sich am Gürtel befestigen ließ.

Im Folgenden wollen wir zwei Taschenmodelle vorstellen, die zwar auf spätmittelalterlichen Funden oder Vorbildern basieren, aber nichtsdestotrotz das „Prinzip Gürteltasche" veranschaulichen. Damit die Gürteltaschen auch den Erfordernissen anderer Epochen gerecht werden können, muss man ein wenig die Fantasie spielen lassen. Wenn man dann noch ein wenig in Büchern blättert oder sich in Museen umschaut, kann man die hier gezeigten Modelle sicherlich so abwandeln, dass sie dem „Look" der gewünschten Epoche entsprechen.

## Nierentasche

Diese Gürteltasche (Abb.144) trägt ihren Namen wegen ihrer geschwungenen Form und wurde praktisch durch das ganze 15. Jahrhundert hindurch getragen. Natürlich veränderte sich ihr Aussehen und ihre Größe in dieser langen Zeit immer wieder. Mal war die Form der Nierentasche runder, mal weniger; die Klappe verdeckte manchmal die ganze Vorderseite der Tasche, ein anderes Mal verschloss sie nur die Öffnung der Tasche oder die Form der Gürtelschlaufen passte sich der gerade herrschenden Mode an. Die Art und Weise der Herstellung blieb jedoch immer gleich.

Hat man ein ausreichend großes Stück Leder zur Verfügung, kann man die Nierentasche aus drei bzw. vier Teilen zusammensetzen. Zunächst schneidet man ein Hinterteil zu, dass gleichzeitig die Verschlussklappe der Tasche, den Verschlussriemen und die Gürtelschlaufen bildet. Dann benötigt man noch einen an beiden Enden schmal

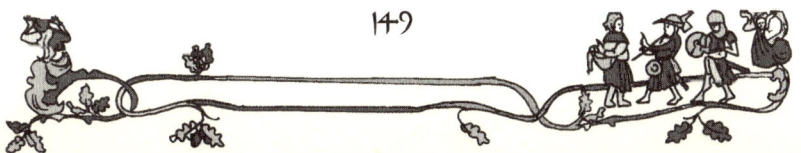

zulaufenden Streifen, welcher der Tasche das nötige Volumen gibt. Zum Schluss fehlen nur noch das Vorderteil und ein weiteres Verschlussteil mit einer Schnalle. Beim Leder sollte man robustes aber nicht zu dickes Leder wählen, da die einzelnen Stücke auf links zusammengenäht werden. Dabei darf man nicht vergessen, dass das Verschlussteil mit der Schnalle vor dem Zusammennähen des Ganzen am Hinterteil der Tasche befestigt werden muss. Anschließend krempelt man die Tasche wieder um und schlägt die Verschlussklappe nach vorn. Dann werden noch die Gürtelschlaufen durch eine waagerechte Naht fixiert.

Danach kann die Verschlussklappe abhängig vom persönlichen Geschmack und den finanziellen Mitteln verziert werden. Man kann Beschläge anbringen, Muster aus Nieten bilden oder auch einfach dekorative Lochmuster hineinstechen.

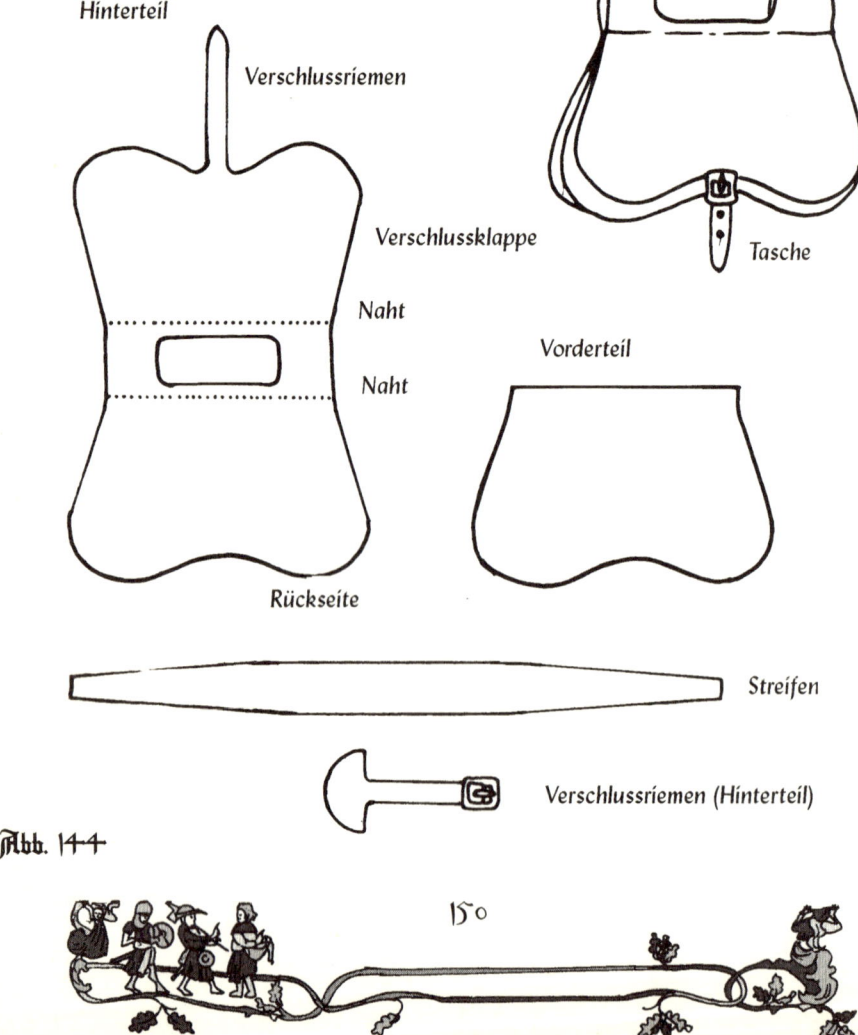

Hinterteil

Verschlussriemen

Verschlussklappe

Naht

Naht

Rückseite

Tasche

Vorderteil

Streifen

Verschlussriemen (Hinterteil)

Abb. 14-4

## Gürteltasche

*Das zweite hier vorgestellte Taschenmodell stammt aus dem südwesteuropäischen Raum und ist durch seine schlichte, kompakte Form besonders praktisch und universell einsetzbar. Auch diese Tasche besteht aus vier Einzelteilen, die denen der bereits vorgestellten Nierentasche entsprechen. Allerdings wird diese Tasche durch eine Art Gürtel, der die ganze Tasche umschließt und der an der Rückseite der Tasche befestigt ist, verschlossen. Dieser „Gürtel" hält die Tasche auch am Leibriemen fest. Er wird an zwei Stellen an der Rückseite festgenäht, zwischen denen der Leibriemen hindurchgeführt wird.*

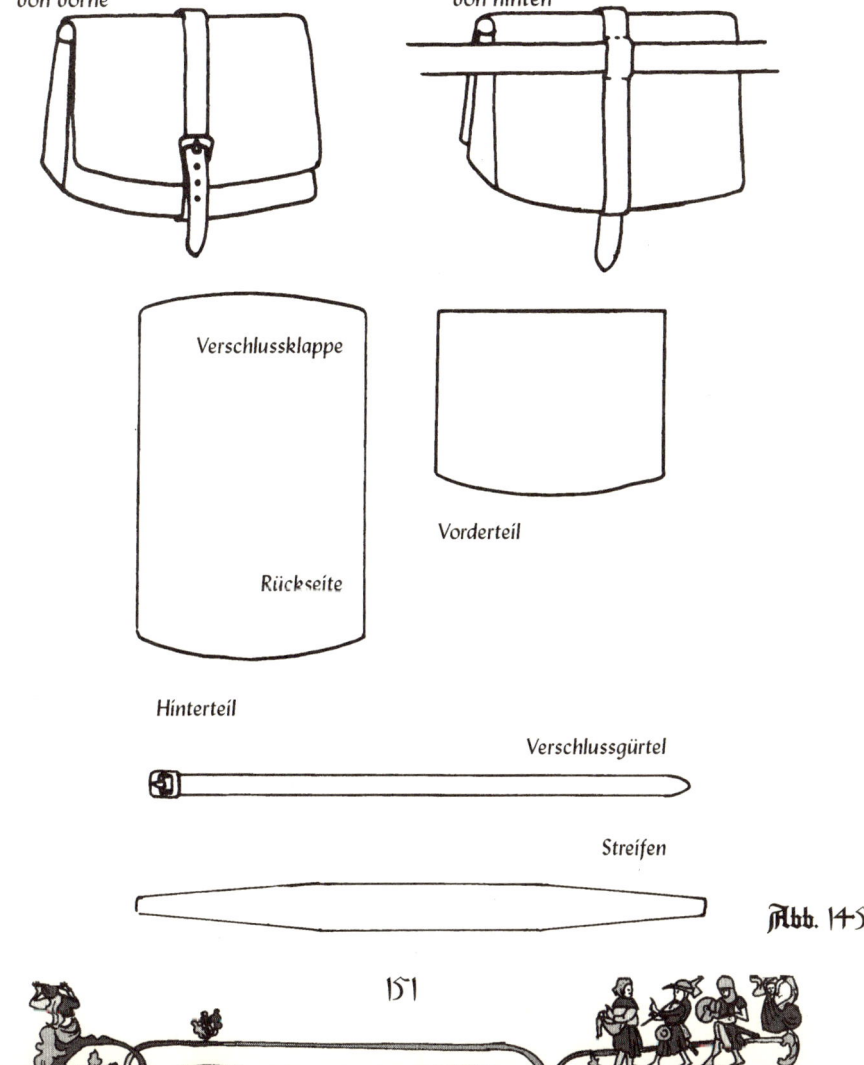

von vorne

von hinten

Verschlussklappe

Vorderteil

Rückseite

Hinterteil

Verschlussgürtel

Streifen

Abb. 145

# Literaturverzeichnis

Mit den Informationen der voran gegangenen Kapitel sollte der Leser sich schon ein gewisses Bild von der Kleidung der Menschen während der langen Periode, die wir so pauschal „Mittelalter" nennen, machen können. Natürlich sind sich die Autoren darüber im Klaren, dass noch viele Fragen offen sind, gewisse Unklarheiten bestehen und manche Themen, die den einen oder anderen Leser noch interessieren, nur am Rande behandelt wurden. Vielleicht kann das folgende Literaturverzeichnis da Abhilfe schaffen, indem es einige Standardwerke der Kostümkunde auflistet und Ansätze für eigene Recherchen bietet.

Bender-Jorgenson, L.:
A Survey of North European Textiles, in: Studien zur Sachsenforschung, Bd. 6, Hildesheim 1987
Dem wissenschaftlichen Teil ist manchmal schwer zu folgen, doch werden hier Webmuster rekonstruiert und deren Verbreitung illustriert. Der Artikel lohnt sich für jeden an der Materialkunde Interessierten.

Bildwörterbuch der Kleidung und Rüstung, Hrsg.: Harry Kühnel, Stuttgart 1992
Ein sehr zu empfehlendes Nachschlagewerk!
Bekleidungslexikon, Hrsg. Wilfried Schierbaum, Berlin 1978
In alphabetischer Ordnung werden 1.500 Begriffe aus dem Bereich der Kleidung definiert.

Boehn, Max von:
Das Beiwerk der Mode - Spitzen, Fächer, Handschuhe, Stöcke, Schirme, Schmuck, München 1928
Interessante Zusammenstellung der unverzichtbaren Modeacessoires vom Mittelalter bis in die Neuzeit.

Brochard, Philippe:
So lebten sie in den Burgen des Mittelalters, Hamburg 1981
Eigentlich ein Kinderbuch, das aber umfassende Informationen für Einsteiger in die Materie bietet.

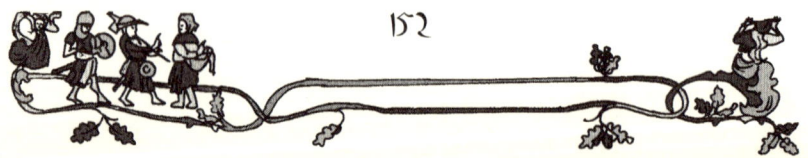

Broholm, M. C./ Hald, M.:
Costumes of the Bronze Age in Denmark, Kopenhagen 1940
Eine vollständige, gut verständliche Dokumentation der dänischen Bronzezeit inklusive
Schnitten und Fotos.

Bumke, Joachim:
Höfische Kultur - Literatur und Gesellschaft im Hohen Mittelalter, 2 Bde., München
1986
Ausgezeichnetes, manchmal mühsam zu lesendes Fachbuch über die gesellschaftlichen
Zusammenhänge im Hohen Mittelalters.

Eisenbart, Liselotte Constanze:
Kleiderordnungen deutscher Städte zwischen 1350 und 1700; Ein Beitrag zur Kul-
turgeschichte des deutschen Bürgertums, Göttingen 1962
Ein sehr wissenschaftlicher Beitrag zu einem schwierigen Thema.

Fehlig, Ursula/ Brost, Harald:
Kostümkunde - Mode im Wandel der Zeiten, Leipzig 1983
Sehr gut verständlich durch viele schematisierte Zeichnungen. Das Buch bietet
außerdem zu jedem Kapitel eine historische Einleitung, die das Verständnis modischer
Entwicklungen fördert.

Feustel, R.:
Bronzezeitliche Hügelgräberkultur im Gebiet von Schwarza (Südthüringen), Weimar
1958
Dieses Buch bietet eine Rekonstruktion bronzezeitlicher Frauentrachten anhand von
Grabfunden.

Göpel, Marie Lise:
Frauenalltag durch die Jahrhunderte, München 1986
Sehr zu empfehlendes Fachbuch, das auch die Ausprägungen der Frauenmode
behandelt.

Hald, M.:
Ancient Danish Textiles, in: Aarborger for Nordisk Oldkyndighed og Historie, 1955
Teilweise schwer verständlicher Text, der sich hauptsächlich mit Decken und Mänteln
befasst.

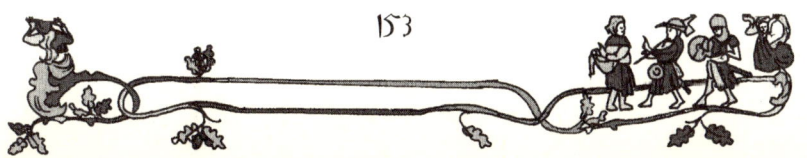

Hägg, I.:
Some notes on the origin of the Peplos-type dress in Scandinavia, in: TDR XII, 1967-68
Ein sehr ausführlicher, aber schwer zu findender Aufsatz.

Hoffman, Otto:
Kleidung statt Mode, Frankfurt a.M. 1983
Ein stark durch alternative Ansichten geprägtes Buch, das zwar keine kostümhistorischen Themen behandelt, aber hilfreiche Anleitungen zur Herstellung von Kleidung enthält.

König, Rene/ Schuppisser, Peter W.:
Die Mode in der mittelalterlichen Gesellschaft, Zürich 1958
Ausgezeichneter, aber wenig illustrierter Text, der eher für Kenner der Materie geeignet ist.

Kybalova, Ludmila/ Herbenova, Olga/ Laramarova, Milena:
Das große Bilderlexikon der Mode, Prag 1966
Reich bebildert mit kurzen, erläuternden Textpassagen.

Lening, Gertrud:
Kleine Kostümkunde, 9. Auflage bearbeitet und ergänzt von Gisela Krause, Berlin 1987
Das Buch leitet die mittelalterliche Kleidung aus der spätrömischen und frühchristlichen Kleidung her. Interessanter Ansatz.

Loschek, Ingrid:
Reclams Mode- und Kostümlexikon, Stuttgart 1987
Ein Standardwerk für Anfänger und Fortgeschrittene! Ein chronologisch aufgebauter Teil bietet einen hervorragenden Überblick über die verschiedenen historischen Epochen und in dem anschließenden lexikalischen Teil findet sich ein Stichwort zu praktisch jedem kostümkindlichen Thema.

Menghin, W.:
Frühgeschichte Bayerns, Stuttgart 1990
Im recht gut verständlichen Text wird die frühgeschichtliche Tracht der Bajuwaren rekonstruiert.

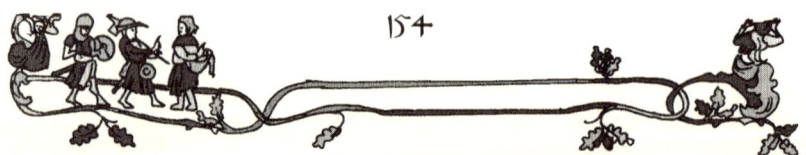

154

Mertens, Veronika:
Mi-Parti als Zeichen, Zur Bedeutung von geteiltem Kleid und geteilter Gestalt in der Städtetracht, in literarischen Quellen, sowie im Fastnachtsbrauch vom Mittelalter bis zur Gegenwart, Remscheid 1983
Wie der umfangreiche Titel vermuten lässt, handelt es sich hier um eine hochwissenschaftliche Abhandlung über die Mi-Parti-Mode. Zu diesem Teilaspekt sehr interessant und äußerst informativ, aber auch nur zu diesem.

Nienholdt, Eva:
Kostümkunde, Braunschweig 1961
Bietet auf exakt 18(!) Seiten einen Abriss der Entwicklung der mittelalterlichen Kleidung, wobei vor allem auf erhaltene Kleidungsteile eingegangen wird.

Rolf, Elli:
Entwicklungsgeschichte des Kostüms, Wien/ Köln 1979
Für Fortgeschrittene sehr amüsant zu lesen, da hier nicht chronologisch, sondern nach eigens zusammengestellten Kostümfamilien vorgegangen wird. Reich bebildert!

Schablow, K.:
Textilfunde der Eisenzeit in Norddeutschland, Neumünster 1976
Das bisher beste Buch zu dieser Epoche! Es enthält praktisch alle rekonstruierbaren, germanischen Gewänder und beschäftigt sich auch mit der Entwicklung der Webkunst.

Sichart, Emma von:
Praktische Kostümkunde nach Carl Köhler, München 1926
Eines der wenigen Fachbücher, das neben kostümhistorischen und -theoretischen Erkenntnissen auch Schnittmuster liefert, die allerdings nicht ohne Weiteres in die Praxis umsetzbar sind.

Thiel, Erika:
Geschichte des Kostüms, Berlin 1980
Eines der besten Bücher aus dem kostümkundlichen Bereich, das auch eine umfassende Abhandlung über Herstellung, Verbreitung und Verarbeitung der verwendeten Stoffarten liefert.

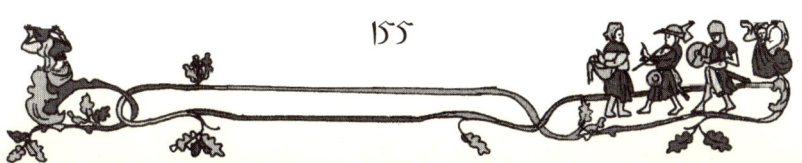

Tietzl, Brigitte:
Geschichte der Webkunst - Technische Grundlagen und künstlerische Tradition, Köln 1988
Nicht nur eine rein technische Abhandlung sondern auch ein historischer Überblick zum Thema.

Tilke, Max:
Kostümschnitte und Gewandformen, Stuttgart 1990 (Neuauflage)
Große Farbtafeln mit nur wenig Text, die aber das Auge für die verschiedenen Epochen schulen.

Wagner, Erich:
Textil-Histörchen, Heidelberg 1969
Der Titel ist Programm, eine witzige und informative Sammlung von Anekdoten.

Walter, Gundula:
Die Verpackung des männlichen Geschlechts, Eine illustrierte Kulturgeschichte der Hose, Marburg 1984
Interessant und amüsant!

Willi, Victor J.:
Kulturgeschichte der Mode, in: Die Mode in der menschlichen Gesellschaft, Hrsg.: Rene König und Peter W. Schuppisser, Zürich 1958
Als historisches Nachschlagewerk zwar ungeeignet, aber sehr kurzweilig.

Wirsching, Joseph:
Die Manteltracht im Mittelalter, München 1915
Eine bereits sehr alte Doktorarbeit, aber sehr interessant, gerade im Vergleich zu moderneren Werken.

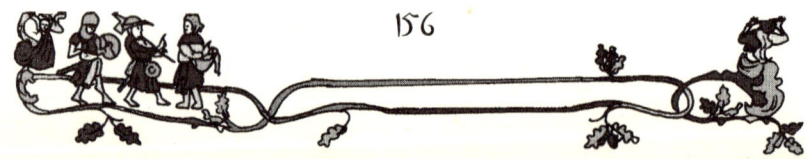